LA TIERRA ETERNA

Derechos de autor

Titulo original: La Tierra Eterna

1ª edición: Enero del 2022

Todos los derechos reservados. Bajo las sanciones establecidas en el ordenamiento jurídico, queda rigurosamente prohibida, sin autorización escrita, la reproducción total o parcial de esta obra por cualquier medio o procedimiento.

LA TIERRA ETERNA
El Antiguo Juramento de Cristo

SERIE: HIJOS DE LA MAÑANA

INDICE:

Agradecimientos: Al Padre de toda consolación, que nos consuela en días oscuros, y a nuestro Señor Jesucristo, Rey de los mártires que nos antecedieron.

A mi familia de sangre y corazón, que saben como prolongar una risa, y hacer de un día normal una genialidad.

A la hermandad de la congregación en todo Chile, y a los amigos en todas las naciones. Sinceros como la luz del alba, y tenaces como aguas vivas.

Que este texto pueda describir y edificar el anhelo de sus espíritus.

Hijos de la Mañana

La serie *Hijos de la Mañana* no busca ser un compendio de nuevas doctrinas o debates teológicos. Lo que buscamos es plantearnos las preguntas que Dios le está haciendo a esta generación, y compartir con todos ustedes algunas de las respuestas que hemos experimentado hasta ahora.

En el primer libro de esta serie llamado *El Mayor Acontecimiento y un sencillo renuevo* nos concentramos en definir de manera simple lo que es la cultura del Reino. Dejamos en claro que no podía ser nada parecido a lo que produce el Mundo caído.

Dimos una vuelta por la historia para ver la batalla entre las culturas nativas y las culturas religiosas e imperiales que explotaron los territorios y sus pueblos. Esto con el fin de dejar en claro que lo que hoy tenemos en nuestras naciones no es, ni remotamente, la cultura del Reino.

El primer libro de esta serie fue escrito en medio de la pandemia, cuando las industrias y la maquinaria de las organizaciones religiosas se habían paralizado.

Era un momento perfecto para demostrar que la humanidad, en su afán por producir, había sido vaciada de significado y del propósito del alma. El Mundo caído en las grandes ciudades estaba vacío, hasta el punto de haberse hecho casi imposible poner la semilla verdadera. Había que entender dónde estaba emergiendo el alma de los pueblos y cómo llegar a ellos para sembrar la voz de Dios. Esto era *El Mayor acontecimiento*.

Ahora, en este segundo texto, queremos poner en sus manos un arma, una espada forjada con revelaciones de Dios que pueden cambiar la percepción que la iglesia tiene de la Tierra.

Sabemos que fuimos llamados a ser sembrados como semillas en el Mundo, pero entonces, ¿dónde debemos ejecutar el gobierno que Dios puso en la iglesia?

La Tierra Eterna responderá esta pregunta, pero además pondrá en tus manos el enfoque y el arma que necesitas para traer lo eterno a tu entorno inmediato, al territorio y a toda la creación.

1. El mandato fue Sojuzgar la Tierra

Existe una importante diferencia entre la Tierra y el Mundo, en el entendimiento común, ambas palabras pueden parecer similares y casi de un mismo significado. Pero las escrituras las diferencian, ya que ambas cosas se originan y operan de manera distinta.

Conocer esta diferencia nos permitirá entender la obra redentora de Cristo en dimensiones que no hemos experimentado aún. La dimensión de la tierra.

Cuando hablo de la Tierra, no me refiero al nombre que le dimos a nuestro planeta, sino que me refiero a todo lo que Dios ha creado, y que podemos ver en nuestro entorno más natural. Es decir, los montes, desiertos, los mares, selvas, animales, etc.

La Tierra es el contexto y escenario tangible que Dios crea para llevar a cabo su victoria sobre las tinieblas, visibles e invisibles.

El Padre pudo habernos creado solo como seres espirituales, como lo hizo con ángeles y querubines. Pero su plan es que habitemos en la creación tangible y que gobernemos e interactuemos con aquella dimensión.

Nos formó del polvo con un perfecto cuerpo (Génesis 2:7). Y este cuerpo, tenía como fin llevar a cabo un deseo de Dios que era imposible de ser realizado en un cuerpo puramente espiritual. Si bien es cierto, nuestra esencia primera es espiritual y eterna. Pero, también es cierto, que esta esencia fue puesta en un vaso de barro (2Corintios 4:7).

Tal como a Jesús, se nos preparó momentáneamente un cuerpo físico, para hacer una voluntad en un espacio/tiempo determinado. Un cuerpo solo útil en la dimensión de la Tierra; un cuerpo que debe, posteriormente, ser revestido de una naturaleza celestial (2Corintios 5:2).

De esto habla el escritor de hebreos, al referirse a la obra redentora que Cristo realizó en su cuerpo mortal.

"Por lo cual, entrando al mundo dice: sacrificio y ofrenda no quisiste; más me preparaste cuerpo"
Hebreos 10:5

El Verbo siempre ha sido en la eternidad, desde todo principio, pero se le preparó, momentáneamente, un cuerpo para el ámbito tangible. Un cuerpo que pudiera ser sembrado en la tierra como semilla y que hiciera emerger la esencia eterna en la resurrección.

Ahora bien, el diseño del cuerpo físico de todo humano proviene también del Verbo que se inmoló antes de la fundación del mundo, para formar el polvo del que, inicialmente, fuimos hechos como humanidad.

Entendemos que somos espíritus eternos pensados por Dios antes de la fundación del mundo, pero no podemos perder de vista, que aun este cuerpo de barro fue diseñado por el Padre.

Job, en su oración, le recuerda a Dios su formación en el vientre. Hecho por Él con tanto amor y cuidado, que Dios mismo guardó ese momento en su corazón. Job también sabía que, de alguna manera, su espíritu recordaba ese amor.

"Me vestiste de piel y carne, y me tejiste con huesos y nervios. Vida y misericordia me concediste, y tu cuidado guardó mi espíritu. Estas cosas tienes guardadas en tu corazón; yo sé que están cerca de ti"
Job 10:11-14

Y es así, fuimos tejidos por Dios mismo. ¿Dios crearía un cuerpo cuyo fin es el pecado?, ¿o que solo pueda oponerse a su obra?

Toda la creación, o la dimensión de la Tierra, ha tomado de Cristo la imagen. Cuánto más el polvo de la tierra del que emergieron animales, aves, vegetales, entre otros, y del que fue formado el cuerpo de barro de la humanidad.

"Él (Cristo) es la imagen del Dios invisible, el primogénito de toda la creación. Porque en él fueron creadas todas las cosas, las que hay en los cielos y las que hay en la tierra"
Colosenses 1:15-16

Cometemos el error de subestimar la maravillosa obra creativa de Dios al formar al hombre. Y así como subestimamos el cuerpo de polvo, también subestimamos la atribución que existe en la creación para revelar a Cristo.

Pero el mismo Señor no teme manifestarse a los hombres como un león, un cordero, una vid o hasta una roca. Porque Él es el primogénito de todo lo creado, el original, el primer gen, el molde de toda la creación.

El Mundo, en cambio, es una dimensión volátil y pasajera. En el Mundo hay creaciones abstractas, como ideologías, creencias, sistemas de pensamientos, culturas, etc. Y estas emergieron del alma caída de la humanidad, por eso es tan inestable.

"Y el mundo pasa, y sus deseos; pero el que hace la voluntad de Dios permanece para siempre" **1 Juan 2:17**

El mundo es pasajero, porque se alimenta de los deseos del hombre. Deseos que son muy variables.

Emerson Ferrell viene enseñando a la iglesia hace años acerca de la diferencia entre la

Tierra y el Mundo. Su libro *Antes de la Fundación del Mundo* trata este aspecto con profundidad y detalle.

Pero, también está explícito en las escrituras para aquellos que desean comprenderlo.

El libro de Salmos, entre otras escrituras, nos proporciona una clara diferencia entre el Mundo y la Tierra. Además, el rey David da a entender que ambas dimensiones le pertenecen a Dios por soberanía.

"De Jehová es la tierra y su plenitud;
El mundo, y los que en él habitan."
Salmos 24:1

"Antes que naciesen los montes y formases la tierra y el mundo, Desde el siglo y hasta el siglo, tú eres Dios."
Salmos 90:2

Estos Salmos confirman, sin ninguna duda, que la tierra y su plenitud, es decir, todo el esplendor de la creación y lo que hay en ella son de Dios. Además, aseguran que el Mundo (abstracto) y sus habitantes le pertenecen al Señor. También, afirman que Dios mismo formó la Tierra y el lugar desde donde emerge el Mundo, que es el alma.

Por otro lado, Cristo se refirió al Mundo de una manera más antagonista, colocándolo como un elemento caído que estaba en oposición a sus propósitos. Este conflicto solo se puede aclarar cuando entendemos ambos lugares, la Tierra y el Mundo, como dimensiones distintas.

"Respondió Jesús:
Mi reino no es de este mundo; si mi reino fuera de este mundo, mis servidores pelearían para que yo no fuera entregado a los judíos; pero mi reino no es de aquí."
Juan 18:36

La palabra que traducimos como "mundo" sería originalmente en el Nuevo Testamento la palabra "kósmos". Que vendría a describir, literalmente; algo ordenado, un sistema dispuesto en un esquema, una era, un espacio en el tiempo, un siglo o una edad.

Además, para el dialecto arameo, usado por el mismo Señor en sus años de ministerio, la palabra "kósmos" estaba íntimamente relacionada con la palabra "alma". El Mundo, entonces, es el orden o sistema abstracto donde opera el alma.

Jesús estaba diciendo que su Reino no se sometía ni se parecía a ningún orden humano, época, sistema o creación de las almas caídas. Es un Reino que solo depende de Él, de Cristo, que es el alma de Dios en resurrección.

Vemos en las escrituras, que el alma de los hombres es la precursora y la que habita el Mundo.

Y ya que Dios tiene soberanía sobre todas las almas, sabemos que es Él quien ha permitido la existencia del Mundo.

El hombre accede y habita en el Mundo que crea por medio de sus propias creencias y pensamientos.

En el libro anterior de esta serie, llamado *El Mayor Acontecimiento* hicimos un paralelo entre una persona que posee cuerpo, alma y espíritu. Con una nación que posee territorio geográfico, el Mundo que ha formado como su cultura y el diseño eterno de Dios.

Estas distinciones también nos ayudan a comprender la diferencia de la Tierra y el Mundo.

Cuando hacemos esta distinción entre la Tierra y el Mundo, entonces podemos poner atención al significado y enorme relevancia del primer mandato de Dios a la humanidad.

Un mandato que el Padre no ha revocado, sino que sigue vigente para sus hijos.

Dios dijo, "señoreen y sojuzguen la Tierra" (Génesis 1:26-28). No les pidió que comenzaran por señorear sobre el Mundo o las culturas de las próximas generaciones. Una petición así, equivaldría a sojuzgar las almas de las siguientes generaciones que emergieran de la humanidad.

Y como bien sabemos, ser un cazador de almas fue lo que hizo de Nimrod una figura perversa. Nimrod cazaba animales, pero también cazaba almas en sus ciudades, construcciones y sistemas (Génesis 10:8-10).

Sojuzgar el Mundo, la cultura o el producto de las almas de otras generaciones, no es parte del dominio del hombre. El Padre no menciona nunca, como mandato sobre la humanidad, que gobernara sobre otros humanos.

La intervención de Dios sobre el Mundo vino mucho después, para responder a la caída de la humanidad y al extravío que las almas padecieron.

La respuesta del Padre fue enviar a su Hijo como semilla sobre el Mundo para salvarlo. Y posteriormente, enviar a los Hijos del Reino sobre los Mundos de cada nación, para expandir la Voz de Dios en las culturas de cada territorio. Pero no para someterlos.

Dijo el Señor "Vosotros sois la luz del mundo" (Mateo 5:14). Y, en otro momento, enseñó que la buena semilla puesta sobre el mundo "son los hijos del reino" (Mateo 13:38).

Estas dos palabras están relacionadas con el poder de la Voz de Dios en los hijos, y con el poder del Verbo al sembrarse en el Mundo.

Esto nos deja claro que no es un mandato de Dios que la iglesia se ocupe de hacer ingeniería social, e intente por medio de la fuerza o la coerción, imponer sus ideas al Mundo que los hombres habitan. Haciendo esto solo caería en la manipulación de masas. Dios nos envió a sojuzgar la Tierra y a ser sembrados en el Mundo.

Sobre esto último, dejaremos un libro de esta serie *Hijos de la Mañana* para revisar este proceso. "Dónde y cómo la Voz de Dios se siembra para transformar los Mundos".

Por ahora, necesitamos entender que el primer mandato para los hijos, desde el Génesis, está vinculado a la dimensión de la Tierra y a los seres vivientes que la habitan.

El mandato fue señorear y multiplicar la eternidad sobre lo creado. Dominar, desde esa atemporalidad, sobre todo ser viviente que no sea otro ser humano. Para esto, Dios puso a sus hijos como mayordomos y representantes del cielo en toda la creación.

Este es un envío para los Hijos, un mandato que solo puede llevarse a cabo desde un alma que ya ha experimentado la resurrección; un alma vivificada por el Espíritu de Dios, que ha muerto a los deseos de poder y tiranía. Un alma que ha sacrificado el ego, las pasiones y deseos personales que llenan el Mundo.

Recordemos que este mandato sobre la dimensión de la Tierra es anterior a la caída.

Cuando los espíritus de la humanidad se movían en medio de lo eterno y lo tangible como una sola dimensión, y las almas de los hombres estaban vivas por el aliento de Dios. También, sus cuerpos de polvo estaban revestidos de la gloriosa naturaleza celestial.

Solo un alma en resurrección, un alma que ha vuelto a poseer vida eterna, puede desarrollar este mandato para la Tierra. Pero, también es importante notar lo siguiente, necesitamos ser revestidos de la naturaleza celestial para que esto sea posible.

Este es un elemento determinante si en verdad queremos conocer la dimensión de la Tierra. Porque la creación fue formada por la voz de Dios y depende de ella. Y es únicamente en un alma transformada por la resurrección, que la voz de Dios puede expandir esa eternidad vivificante.

Jesús dijo:

"mis ovejas oyen mi voz, y yo las conozco, y me siguen, yo les doy vida eterna; y no perecerán jamás, ni nadie me las arrebatará de mi mano"
Juan 10:27-28

Al decir "mis ovejas", claramente está haciendo referencia al animal por excelencia para el sacrificio. Las ovejas son los Hijos, cuya característica es entregarse y morir; su objetivo es sembrarse en el espacio/tiempo, para hacer emerger lo eterno.

Entregar el alma caída, que está sujeta al Mundo oscuro; hacerla morir, para ser vivificada en resurrección por el Padre. Son características de los Hijos que pueden oír su voz y son conocidos por su Señor.

Al decir, "y yo les conozco", está enfatizando esa fusión que significa "conocer". El conocer a alguien, en las escrituras, no es saber de alguien. Conocer es fusionarse con el objeto conocido en un vínculo superior. Un vínculo de pacto.

Por eso el esposo *conoce* a la esposa, porque se fusiona con ella en el matrimonio, que es un vínculo de pacto, un juramento de amor.

Veremos la importancia de esto al comprender cómo Dios gobierna la dimensión de la Tierra.

El Señor está diciendo que sus ovejas están fusionadas con su Señor, oyen su voz, lo siguen y esa voz retenida en ellos expande vida eterna. Es un vínculo superior, en un pacto entre el Pastor y los Hijos.

La creación y la dimensión de la Tierra dependen, completamente, de oír la voz de Dios. Por esto, el gobierno sobre ella deriva de esa fusión entre Cristo, el primogénito de la creación, y su iglesia, quien está fusionada con Él.

Esto no puede hacerlo un alma caída, ni una ideología ecológica o esotérica. Ya que estas habitan en un Mundo caído.

2. La Recepción y Ejecución de la Voz eterna

La creación fue hecha mediante la voz eterna de Dios, emergió sujetándose a sus ordenanzas. Pero el alma fue creada por medio del soplo del aliento divino, que es el Espíritu.

Dios nunca dijo, "hágase el Alma". Simplemente, sopló sobre Adán y en este soplo puso vida y fe dentro de la humanidad. Se produjo el alma viva.

En cambio, el Señor dijo: "descúbrase lo seco" (Génesis 1:9). Y solo después de sonar su Voz lo seco, con sus montañas, valles y costas, fue creado.

En el huerto, la fe de la humanidad era innata, como un acto reflejo y espontáneo. El hombre no dudaba de las palabras de Dios. Su respuesta primera frente a la voz de Dios era la fe.

Esto fue permanente hasta la caída, cuando la duda fue introducida en el alma por la serpiente.

Antes el alma no interpretaba la voz del Padre, sino que la recibía con fe en el espíritu, la retenía y expandía con esa misma fe; creando, de esta manera, nuevos diseños.

El hombre no obedecía como un ser mecánico, su obediencia era siempre participativa. Implicaba hacer parte de él la voz del Padre y aplicarla, expandiendo la vida del mandato en su interior. Siempre en pureza y libertad.

Al expandir lo que oía del Padre, Adán hacía uso de sus experiencias con el ámbito eterno del espíritu y con el ámbito tangible de la creación. Su habitación en el huerto y la dimensión de la Tierra era parte fundamental de la vida eterna.

La obediencia no era un asunto legalista, la obediencia era producto de la fe que sostenía la relación Padre e hijo.

Esto, para mí, es la razón de porqué la mujer tenía una interpretación, levemente, más amplia del mandamiento de Dios respecto al árbol del conocimiento del bien y del mal. El Padre les permitía elegir cómo manifestar su Voz al aplicarla.

La mujer sabía que no debían comer de ese árbol, como Dios dijo a Adán (Génesis 2:17). Pero, además, había añadido que su prohibición también incluía no tocarlo para no morir (Génesis 3:3). Dios nunca corrigió esa ampliación del mandato en ella, aunque en su omnisciencia conocía los pensamientos de la humanidad.

El Padre hablaba y sus palabras eran mandamientos que ellos debían creer desde su espíritu. Pero además se les permitía elegir cómo aplicar esa Voz con su alma viva.

La relación del Padre con la humanidad no se basaba en una obediencia monótona, palabra por palabra, era más bien una orden dada en sus espíritus que ellos debían elegir cómo aplicar.

La aplicación que debían hacer para que fuese pura, requería la fe de un alma viva para mantenerse alineada al corazón de Dios.

El problema comenzó cuando la serpiente, a quien Adán llamó astuta, introdujo la duda en su propia interpretación del mandamiento. Habló desde la incredulidad (Génesis 3:4). La serpiente puso en duda las consecuencias letales que Dios había advertido.

Entonces, la fe de la humanidad se desplazó de lugar. La mujer creyó más en la versión de la serpiente que dudaba de la advertencia divina; y el varón creyó más en la voz de la mujer.

Así las almas murieron, quedando sujetas al pecado y la muerte.

Dios no castigó la versión imprecisa de la mujer sobre el mandamiento, ni siquiera mencionó como un error la aplicación que ella le daba. Dios **castigó la incredulidad** de la humanidad que contradecía su ordenanza, y la perversión de la serpiente.

El Padre quería que ellos portaran su Voz y la desarrollaran en su alma viva. Que fueran partícipes activos en cada mandamiento. Dios nunca creó seres mecánicos, sino Hijos con capacidad de expandir con fe la Voz en ellos y usar la voluntad. Solo así, su inocencia se transforma en verdadera obediencia y en justicia.

Cuando el alma aplicaba la voz de Dios que emergía desde el espíritu, construía en su interior un diseño nuevo para después hacerlo visible por medio del cuerpo. Entonces, lo que el alma producía se transformaba en obras y en acciones concretas.

De esta manera, el espíritu humano caminaba en compañía del Dios eterno mientras que, en el mismo instante, su cuerpo se movía en el huerto físico que estaba en Edén.

Para Adán no existía separación de ambas dimensiones, porque su alma estaba viva y con fe. Y su cuerpo de polvo era santo y estaba revestido de gloria. No había problemas al tener que aplicar lo que veía en la dimensión eterna sobre la realidad tangible del huerto.

Los pensamientos creativos de la humanidad provenían de una sola fuente, la voz de Dios. Y se complementaban con el entorno del huerto.

En este proceso la fe venía a ser fundamental. Creer en la Voz de Dios que emergía desde sus espíritus era (y sigue siendo) la clave para que el alma expandiera la vida del mandamiento y obedeciera.

"Ahora bien, la fe es la convicción de las cosas que se esperan como si ya fueran realidad, y es la revelación de las cosas que no se ven, porque por fe comprendemos que los mundos fueron hechos por la palabra de Dios, de modo que lo que se ve fue hecho de lo que no se ve".
Hebreos 11:1-3 Biblia Peshitta

Muchos diseños (mundos) fluían dentro del espíritu del hombre. Accedía a ellos y los veía por medio de la fe para, posteriormente, construir desde lo que el alma expandía y finalmente, manifestarlo a lo físico.

Antes de la caída, Adán edificaba con su alma diseños puros, que emergían de la sabiduría eterna de Dios, y concordaban con la creación. No había división entre ambas dimensiones.

La humanidad accedía, en su alma viva, a las profundidades de Dios y de la creación usando el mismo medio, la fe.

La fe era la clave y la llave dada por Dios, que abría todas las dimensiones.

3. Todo Por Medio De La Fe

"Porque por gracia sois salvos por medio de la fe; y esto no de vosotros, pues es don de Dios;"
Efesios 2:8

Este versículo nos muestra claramente cómo la gracia de Dios, que es una sustancia invisible pero poderosamente viva, puede ser alcanzada por medio de la fe.

Esta gracia eterna, que habita fuera del tiempo y el orden humano, no puede ser cuantificable o medible con instrumentos basados en nuestra lógica, no puede ser probada bajo el método científico. La gracia de Dios escapa de toda medición posible, ya que es insondable. Sin embargo, podemos acceder a ella por medio de la fe.

Cuando entramos en esa gracia de Dios, que es Cristo mismo, se produce una liberación inexplicable, una resurrección del ser.

La Gracia es capaz de cambiar todo el ámbito tangible y mover a nuestro favor aquello que antes era imposible que se produjera. Pero para acceder a ella se requiere una llave.

No sabemos cómo entramos, ni podemos entenderlo completamente con nuestra mente. Solo sabemos que Dios decidió darnos un medio para acceder a los misterios eternos. Nos dio la fe.

La fe era y es el medio por el cual se pueden trasladar, de una dimensión eterna a un ámbito temporal, los diseños del corazón del Padre.

La fe siempre ha sido el medio con el cual se transmite la vida, pero ahora comprendemos que también es la ruta por donde podemos acceder a la profundidad invisible y a los misterios de la creación.

La fe en la que caminaba Jesús, como Hijo, era sin medida. Esa fe estaba en su espíritu, pero también llenaba completamente su corazón, su alma, mente y cuerpo.

De manera innata, él accedía a todo lo invisible y se movía en leyes naturales que desconocemos, y que incluso la ciencia lleva años tratando de entender. Jesús accedió a leyes de la creación que aún no están a nuestro alcance o en nuestro entendimiento.

Señoreó sobre todo lo creado y sobre la dimensión de la Tierra. Es en esa fe que Jesús caminó sobre las aguas, cambió el agua en vino y secó la higuera con solo darle una sentencia.

Deseo que no pierdas de vista que, así como la fe puede trasladar al ámbito físico las cosas eternas, también puede hacer que aquello eterno se mantenga activo y gobernando sobre lo tangible.

¿Entiendes lo poderoso que es eso? No se trata solo de abrir una ventana hacia lo eterno, lo importante aquí, **es que lo eterno invada lo tangible y se quede para llenarlo todo**. Por eso, de todo lo que la humanidad perdió en la caída, Dios decidió no quitarle por completo la fe.

La fe fue siempre un regalo dado por Dios a la humanidad. Un don que, en alguna pequeña medida, permaneció después de la caída.

Cuando el hombre cae, queda en él una diminuta medida de fe, mil veces más pequeña que una célula de una semilla de mostaza. Una medida casi inexistente y microscópica, pero necesaria para lograr que su cuerpo físico de polvo y desnudo de la gloria, retuviera algo de vida física.

Esa medida de fe permite que respiremos al salir del vientre. Damos una primera bocanada de aire de forma intuitiva, sin haber nunca respirado por la nariz en la matriz de nuestra madre. Simplemente, intuimos que es necesario, lo creemos y lo hacemos.

Los pulmones se llenan de aire por primera vez y entonces buscamos el sonido de la voz que hemos oído en el vientre durante nueve meses. Solo ese sonido nos calma, porque creemos en esa voz. La pequeña medida de fe nos empuja a vivir.

Cuando el hombre salió del huerto y de la presencia del Padre, Dios no le quitó toda la fe para que su cuerpo físico no se desplomara y pudiera seguir viviendo físicamente.

El Padre dejó en la humanidad esa fe, con el fin de que en algún momento pudiera volver a Él, e hiciera retornar la eternidad a la Tierra.

Esa fe está muy activa en la niñez, sabemos que podemos creer en lo que no conocemos. Luego, al crecer vamos apagando o manteniendo esa diminuta fe dependiendo del Mundo que nos presentan.

Pero cuando el alma es vivificada en Cristo, aparece una fe que emerge del espíritu. Con ella podemos acceder a la dimensión eterna y a la vez, acceder a los tesoros profundos de la Tierra. **No existe otra manera**.

Un alma incrédula que no conoce al Padre, o que dejó de creer en sus palabras, no puede producir la fe para ser libre del Mundo oscuro en el que habita.

La Tierra y el Mundo son dimensiones muy diferentes y a veces hasta antagonistas. La primera solo reconoce como gobernante a los que poseen y expanden la Voz del Hijo. En cambio, un Mundo en tinieblas que no ha sido iluminado por la Voz, ni ha recibido las semillas del Reino, solo traerá destrucción a la creación y se vuelve enemigo de la Tierra.

La Tierra fue formada por la voz de Dios, por sus mandatos y ordenanzas. La dimensión de la Tierra adquirió sabiduría de la luz primera.

El Mundo caído emergió de las sombras de las almas alejadas de Dios, de los deseos y temores de la humanidad y de la sangre de los profetas.

Ni el conocimiento ecológico, ni las ideologías que buscan proteger a los animales, nos llevarán a acceder a lo que Dios creó.

Para acceder necesitamos fe verdadera que nace del espíritu. Esta fe nos permitirá experimentar las transformaciones, que la dimensión de la Tierra experimentó en el origen, y devolverle la eternidad a la creación.

Esta fe espiritual, que está viva en Cristo, nos permitirá ser mayordomos de toda nuestra herencia.

Oír a la creación

Recuerdo que estábamos en África, y en esos años estaba buscando fervientemente al Señor para que me enseñara a escuchar a la creación. Estaba seguro de que el primer Adán se comunicaba con ella y que Cristo también lo había hecho. No con palabras, sino desde la expansión de su espíritu.

A mi parecer, fue en esta comunicación que los cerdos deciden lanzarse al mar y llevar a juicio a Legión (Mateo 8:32). En Cristo, la eternidad tocaba a la creación y esta comprendía la voluntad de Dios y la ejecutaba. Así fue como el pollino de asna, que nunca había sido montado, se volvió dócil para cargar a Jesús (Lucas 19:30).

Sin duda, el hombre había sido puesto en el huerto para gobernar, pero de una manera muy diferente a los gobiernos de este mundo. Quería experimentar aquello; quería oír la creación; sabía que, si no podía oírla mucho menos podría gobernarla.

Entonces, le pregunté al Padre qué debía hacer para estar abierto a oír la creación. El Señor me dijo "valora la mansedumbre y la humildad, las que son necesarias para oír desde el interior".

En esos días, estando en África, nos llevaron a una reserva donde se podía encontrar leones en estado casi salvaje. Podíamos intentar estar muy cerca de ellos.

Los guías del safari nos animaron a caminar con algunos de ellos que aún eran jóvenes. Nos explicaron qué precauciones tomar y cómo hacerlo, para que los leones se mantuvieran calmados y no nos percibieran como una amenaza.

La experiencia por si sola ya era alucinante, pero se volvió, para mí, algo único cuando el Espíritu Santo me dijo que aquí podía intentar comunicarme con la creación.

Estos animales vivían casi en estado salvaje en la enorme reserva, por lo mismo el Mundo de la ciudad no afectaba sus almas tanto como a un animal de zoológico. Así que, podría oír a la tierra por medio de ellos.

Le dije al Señor, "¿qué debo comenzar haciendo?". Y él me contestó, "usa la fe, de la misma manera que la usas para oír mi voz y percibir mi voluntad".

Así que abrí mi corazón en fe, no dudando nada, creyendo que por el Espíritu de Dios podría entender a esos leones y saber qué necesitaban.

Nos llevaron donde estaban los leones, y comenzamos a caminar con estos majestuosos felinos en medio de la reserva, siempre con precaución.

En cierto momento uno de los leones, al que los guías llamaban Shaka, se recostó en la hierba y uno de los guías se acercó lentamente al león y comenzó a acariciarlo. Entonces, el guía nos dijo que el que deseara podría acercarse y hacer lo mismo, porque el león estaba muy tranquilo.

Aproveché y me acerqué. Inclinado puse mi mano sobre el león para acariciarlo y entonces, le hablé desde el corazón y en el espíritu de la misma manera que hablaba con Dios en el día a día, le dije "Shaka, ¿qué es lo que necesitas?, ¿en qué podemos ayudarles?", entonces recibí la respuesta, "necesito agua".

Lo escuché dentro de mí con tanta claridad que me sentí emocionado y me giré hasta donde estaba mi esposa, "me habló, me dijo que quería agua" le dije con emoción. En ese instante el león se levantó de forma repentina y caminó unos metros hacia un pequeño arroyo que estaba entre los arbustos y comenzó a lamer el agua.

Yo me quedé conmocionado, recuerdo que pensé en esos días "si por el espíritu la iglesia habla lenguas angelicales y es capaz de interpretar los sonidos eternos ¿por qué no podría interpretar de forma clara la voz de la tierra?"

Dice la escritura que aquel que tiene dones, los use conforme a la medida de fe (Romanos 12:6). De la misma manera, creo que podemos comunicarnos con la creación conforme a la medida de fe, ya que esto es un regalo de Dios.

En las siguientes semanas y años, continúe teniendo experiencias sobrenaturales con la creación. Recuerdo una zarigüeya anciana que llegó un día al patio donde vivíamos para que oráramos por ella, porque era su momento de morir y esperaba que pudiésemos aprovechar eso y desconectar su imagen de animal de los espíritus con que la habían asociado en las culturas antiguas. Lo hicimos y la zarigüeya anciana simplemente se despidió.

También, pequeñas aves que entraron por la ventana de la casa donde estábamos, solo para recordarnos de la fidelidad de Dios en tiempos de mucha opresión. Entendimos lo que querían comunicarnos al entrar, pero lo hicimos por medio de la fe.

Viene también a mi memoria un "Piche" patagónico (como un tipo de armadillo), que se nos cruzó en medio de la carretera en Argentina, solo para que nos detuviéramos y pusiéramos atención al clamor de la tierra antigua. Ese encuentro fue el comienzo de mi entendimiento de las naciones originarias, en el cono sur de América.

Recuerdo un momento, estando en adoración con la hermandad en unos campos de la pampa argentina, los caballos sin jinetes se acercaron y comenzaron a galopar en círculos a nuestro alrededor mientras cantábamos.

Ellos querían adorar y esa era la manera en que podían hacerlo. Pero, además, nos estaban mostrando cómo el espíritu recorre la tierra, la rodea y se queda donde siente ese vórtice de adoración.

En otra oportunidad, un manatíes que nadó hasta la orilla de la playa donde estaba bañándome y hablando con Dios, se acercó tímido para que lo tocara con la mano que tenía extendida. Cuando lo vi, me asusté, pero percibí del animal un humilde deseo de ser bendecido por el Señor.

Mantuve la mano extendida y dejé que pasara rosando su enorme cuerpo por mi mano. Mientras lo hacía, percibí su deseo de tener paz, y le ofrecí la paz que en ese momento estaba recibiendo del Padre. Luego, apenas sintió a la gente de la playa que se acercaba para verlo, nadó mar adentro y se fue.

También recuerdo un grupo de mariposas blancas que aparecieron mientras adorábamos en medio del desierto de Atacama en Chile. Se acercaron y se quedaron adorando con nosotros hasta el final.

No se veía vegetación en kilómetros y kilómetros, solo arena y sal. Pero ellas aparecieron y se sumaron a ese momento donde glorificábamos al Padre de todas las cosas y al Primogénito de la creación.

Nada de esto hubiera sido posible sin ese don que es la fe. La llave es la fe en el Padre **y la fe del Padre**

4. La Creación del Espacio/Tiempo

Para comprender la creación miremos el comienzo. Nuestro enfoque no es ecológico o basado en alguna ciencia que estudie la naturaleza. Estamos buscando ver la creación desde el ángulo de la fe y lo eterno.

Según Génesis, la tierra fue creada en principio. (Génesis 1:1-2)

Génesis hace referencia a un tipo de principio donde Dios creó la tierra, pero lo explica como si existiesen otros principios anteriormente.

De forma literal dice "En principio creó Dios…" lo que permite afirmar que antes de Génesis ya habían ocurrido otras cosas. El Verbo es antes de este principio, y otros acontecimientos también habían tenido lugar en la eternidad.

Con esto, Dios está dejando en claro, que Génesis no es el principio de todo. Es el principio de la revelación de Dios a la creación y la humanidad; y es el principio de lo que llamamos la dimensión de la Tierra, donde fuimos colocados para gobernar.

Note que acabo de unir dos aspectos, la revelación de Dios en las escrituras y el origen de la dimensión de la Tierra.

Los astrónomos y físicos han centrado el origen del universo en una explosión que han llamado Big Bang. Pero no saben y han declarado imposible conocer qué ocurrió antes de esto, o qué cosa lo habría podido ocasionar. Saben que hubo otro principio, pero no tienen cómo siquiera intentar entenderlo.

“No solo carecemos de observaciones pertinentes, sino que la teoría misma nos falta. Tenemos todas las razones para pensar que, más allá de un cierto límite (alrededor de 10.32 grados Kelvin después de la explosión) las nociones mismas de temperatura y de tiempo pierden su sentido”, declaró el astrofísico canadiense Hubert Reeves.

No hay respuestas astrofísicas que expliquen qué ocurrió antes de dicha explosión inicial, ni porqué habría producido un universo homogéneo en todas las direcciones a las que se mire.

Para las escrituras, la revelación también comienza aquí. Pero esta nos da nociones de que hubo otros eventos anteriores a este principio y que, en Génesis, Dios produjo un principio nuevo y diferente por su voluntad, y junto con ese principio creó lo tangible. Creando así el espacio/tiempo.

Creó lo tangible (espacio), junto con un principio (tiempo).

Este espacio/tiempo que es el Génesis, estaba completamente sujeto y alimentado por la eternidad de Dios, no había separación alguna. Habían emergido de Dios mismo.

El mundo tangible, sus átomos y partículas más elementales, fueron creados junto con el tiempo que habitamos en el universo.

Este inicio simultáneo del espacio y del tiempo, es lo que impide hoy en día a los astrofísicos entender qué hay antes de sus teorías del Big Bang, o en qué punto del basto universo ocurrió. ¿Cómo precisar un lugar y un momento cuando piensas que dicha explosión fue la que creó el espacio y el tiempo?

La dimensión de la Tierra fue creada por Dios como un espacio/tiempo determinado. Antes de ella ocurrieron otros sucesos guardados en los misterios de Dios, pero en una dimensión diferente. La eterna.

Tal como declara Miqueas sobre el Señor, quien vino a rescatar a la humanidad desde una dimensión más antigua que nuestro principio.

"...sus salidas son desde el principio, desde los días de la eternidad"
Miqueas 5:2

Es decir, que llegó desde otro principio; uno eterno, que permanece en un presente continuo; un principio que no deja de ser.

El tiempo no existe en ese principio eterno donde Dios es. Donde todo, en su suprema omnisciencia, ya ocurrió de una vez.

Nuestro pasado, presente y futuro, están ahora mismo frente a Dios, en SU principio.

Ese principio eterno nunca llegará a un final, simplemente es. Como declara Juan al inicio de su evangelio, refiriéndose a un lugar donde está Dios y el Verbo.

"En el principio era el Verbo, y el Verbo era con Dios, y el Verbo era Dios"
Juan 1:1

Aun así, la dimensión de la Tierra posee, en sus formas más elementales, los vestigios del inicio del tiempo en el universo. Y podemos percibir esos orígenes antiguos de la Tierra en las rocas de las montañas, en los bosques impenetrables o donde nacen los ríos. Podemos percibir esa antigüedad, ese principio del Génesis, ese momento cuando el reloj del universo se movió a su primer segundo.

Ahora bien, luego de este principio del Génesis, la creación se mantenía en desorden y en el vacío, es decir que estaba en vanidad e inacabada.

Recordemos que el Espíritu Eterno se incubaba sobre la faz de las aguas (Cristo), esperando completar su obra, esperando llenarlo todo.

 La Biblia Textual, con el fin de ser fiel al escrito más antiguo dice:

"Pero la Tierra se ha precipitado en caos y vacío, y hubo tinieblas sobre la faz del abismo acuoso…"
Génesis 1:2 BTX

La dimensión de la Tierra, como tiempo y espacio, estaba inacabado, en desorden e ignorante de su propósito por falta de una mayor eternidad. Esto es precisamente estar en vanidad, cuando algo está incompleto e ignorante de la eterna voluntad divina. Entonces, eso incompleto se vuelve vano.

El espacio/tiempo, estaba inconcluso y no portaba la luz del propósito eterno. Esa Luz vino al intervenir el Verbo, para vincular por medio de la Luz al espacio/tiempo con la Eternidad.

Sobre esta acción de Cristo como Aguas vivas, la hermana Ana Méndez da una explicación con mucho detalle y revelación en su libro, *Como estrellas a Perpetua Eternidad*.

Nos explica cómo el desorden de la Tierra termina cuando las aguas vivas de Cristo abrazan esta dimensión y la Luz eterna es invocada a manifestarse en medio del caos.

Vino la orden de Dios, "Sea la luz…" (Génesis 1:3). Y entonces, la luz dominó y lo eterno lo llenó todo, manifestando el propósito de la tierra y comenzando a vincular todo lo tangible a la eternidad, hasta el séptimo día.

La Luz en Génesis es más que fotones o vibraciones electromagnéticas. Es, sobre todo, eternidad. Una manifestación y conciencia del Dios trascendente sobre su creación. Es la sabiduría eterna venciendo el caos de la ignorancia de lo divino; y la plenitud venciendo el vacío en que estaba la creación.

Esta Luz era la manifestación del amor de Dios y a la vez, traía la conciencia eterna del Padre sobre toda esta dimensión espacio/temporal.

Todo este espacio/tiempo comenzaba a completarse hacia la plenitud, para dejar atrás la oscuridad y el aparente despropósito.

No sabemos, en términos de cronómetros actuales, cuánto duraba cada día en esa Luz primera. Sabemos que el relato comienza desde el día primero a señalar "mañana y tarde" como medición de tiempo. Pero también es claro, que antes del cuarto día no había sol.

Ignoramos si es que los siete días de Génesis realmente duraron lo que hoy es un día de veinticuatro horas, ya que la Luz con la que se contaron dichos días, es eterna.

Pero una cosa es muy clara para cada día, que el cambio del tiempo o días, implicaban cambio de espacio. El espacio/tiempo iba transformándose cada día por la voz de Dios, en la medida que se vinculaba más y más con toda la eternidad y la trascendencia.

Matérico y Eterno
Este cambio fue constante durante los seis primeros días, la creación experimentó transformaciones radicales hasta el momento en que Dios reposó en la plenitud en el día séptimo.

Dios creó un principio material en Génesis, y luego esa materialidad la llenó de eternidad con su continua presencia en el huerto.

En el séptimo día, toda la creación se volvió la habitación de Dios. La Tierra era el templo donde Él caminaba. Lo matérico (hecho de materia) se había vuelto eterno también.

El Padre no vinculó el espacio/tiempo a lo eterno de una vez. Fue haciéndolo paulatinamente, hasta el séptimo día, donde estableció el reposo de su obra completa.

Podríamos decir que la dimensión de la tierra y el espacio/tiempo experimentó siete revelaciones transformadoras. Cada una de ellas la vincularon profundamente a lo Eterno, hasta que lo material en el huerto estaba lleno de la dimensión eterna de Dios.

Estas siete transformaciones las veremos en detalle y podremos comprobar los testimonios que el Padre nos dejó en su creación. Revelaciones que nos cambiarán tanto como a esos días.

Como decía, la última transformación del espacio/tiempo que se nombra es el séptimo día del reposo. Un lugar donde la dimensión de la Tierra estaba completa en Dios y completamente vinculada a la eternidad. Y por esto mismo, se encontraba radicalmente diferente a lo que fue el día primero.

Estas revelaciones fueron dadas paulatinamente, porque cada una conllevaba una transformación y vinculaba al espacio/tiempo con lo eterno. No podríamos soportar en el ámbito tangible, y en un solo instante, las transformaciones que cada revelación produce, ni lo que es fusionarnos con Dios.

Comprendamos que, para la dimensión de la Tierra, el Padre tenía un plan especial. En ella gobernaría una estirpe nueva que los ángeles nunca habían visto.

Esta estirpe formada de lo material portaría en su interior la infinita eternidad. La humanidad, a quien Dios le daría la facultad de ser llamados hijos de Dios. Una estirpe con el potencial de traer la victoria final contra las tinieblas.

Dios pondría su genética en la humanidad y este pequeño planeta azul sería el altar donde se redimiría el universo completo y se completaría la victoria contra el mal.

Y quiero resaltar esto, para que no lo pierda de vista. La dimensión de la tierra era el altar, con toda la profundidad espiritual que eso implica.

El Señor, soberano de todos los tiempos y momentos eternos, el forjador de estrellas y supremo en poder y autoridad, levantó un altar en siete días. Y en esta roca envuelta en agua que llamamos planeta Tierra, Dios decidió unir la eternidad y el espacio/tiempo.

Y así como le ordenó a Elías, también el Señor en su plan vertió el agua viva y luego puso el sacrificio sobre la Tierra (1Reyes 18:34-18:38). Entonces, vino del cielo el fuego del Espíritu Santo a quemar la iniquidad de todo el universo visible e invisible. Y así, dejar a la iglesia profética lista y llena de poder, para degollar a los falsos sacerdotes de Baal en cada generación.

Ya no hay lugar para el diablo, no tiene legitimidad **en ningún espacio del basto universo.**

Multiplicar la Eternidad de Dios

Estas revelaciones de los siete días del Génesis fueron progresivas y vinculantes, y desembocaron en las verdades eternas del reposo. El séptimo día.

En el reposo el tiempo no existe y toda revelación simplemente ya es. Es el deseo del Padre que podamos recurrir a su eternidad, habitar en ella, y traerla hasta el espacio/tiempo.

En lo eterno, el Padre nos lleva a lugares donde conocemos sin aprender, donde encontramos *"cosas que ojo no vio (antes), ni ha subido (en el pasado) a corazón de hombre"* (1 Corintios 2:9).

Pero, aun así, no somos capaces de ser conscientes de toda la sabiduría de Dios en un instante. Porque TODA su sabiduría es insondable.

Por más sabios y entendidos que seamos, no podemos comprender todo acerca de todo, ni en cada uno de sus ángulos en un simple momento. En el espacio/tiempo no somos omniscientes.

Tenemos un espíritu eterno, pero aún carecemos del amor suficiente para soportar toda la sabiduría de Dios. Ese amor profundo es el que el Padre trabaja en nosotros de forma gradual en el espacio/tiempo.

Ese amor de Dios es el vínculo perfecto que nos permite estar siempre fusionados a la vida eterna. Nos va vinculando con la eternidad y el hombre de barro del espacio/tiempo se va revistiendo de la gloria de lo atemporal.

En la medida que vivimos un vínculo de amor genuino con Él, con los hombres y con la creación; nos acercamos a la sabiduría eterna, y a la omnisciencia del Padre.

Por otro lado, la instauración del espacio/tiempo en la dimensión de la Tierra, nos permite también percibir un pasado, un presente y un futuro. Pero esta percepción no fue creada para operar sin el vínculo del amor que nos mantiene en lo eterno.

Sin el vínculo del amor y sin la eternidad, esta percepción del espacio/tiempo se vuelve una cárcel, quedamos cautivos de los eventos del pasado, o esclavos de los deseos para el futuro.

Dios quería que por medio de Adán y su mujer, la eternidad se multiplicara e invadiera toda la Tierra. Por eso les dijo "multiplicaos; llenad la tierra y sojuzgadla" (Génesis 1:28). Esta orden fue dada antes de que fueran formados del polvo (Génesis 2:7), por lo tanto, no se refería a una multiplicación de lo tangible o del polvo, sino de lo eterno que les habitaba.

La primera humanidad fracasó en ese mandato.

Ahora, solo el postrer Adán (la nueva humanidad) que es Cristo, puede multiplicar Hijos eternos que habiten y llenen toda la creación con la eternidad de Dios.

Ahora bien, el espacio/tiempo se separó de la eternidad el día en que la humanidad pecó. Ese día perdimos el amor verdadero y lo eterno. El alma caída tomó el gobierno y el cuerpo de polvo quedó desnudo de gloria.

En ese momento, tanto el hombre como la dimensión de la Tierra entraron en vanidad.

Como la humanidad ya no podía mostrar al Padre, entonces la creación se quedó solitaria y sin Dios.

Hombres y creación, ambos quedaron incompletos e ignorantes de Dios. Ahora hombres y bestias sobrevivían como huérfanos en la tierra.

El Padre envía entonces a su hijo en carne, para ser el Agua viva donde el Espíritu Incuba (Juan 7:38); la Luz que convoca la eternidad (Juan 8:12); la sangre con la genética del Padre (Mateo 26:28); y la Puerta para volver a vincularnos a lo atemporal (Lucas 13:24).

El Padre reedificaría, por medio de Cristo, este altar. La dimensión de la tierra, que había sido derrumbada.

Por eso, cuando el espacio/tiempo se encuentra por un segundo con la eternidad, la creación responde con manifestaciones de vida. Cuando el espacio/tiempo se deja gobernar y sojuzgar por lo eterno, podemos esperar cambios hacia el futuro y producir la esperanza divina que acompaña a la fe y al amor.

El espacio/tiempo es un siervo

No quiero que se confundan, el plan redentor no era suprimir el espacio/tiempo en la dimensión de la Tierra. Sino que, gobernarlo y llenarlo de su presencia eterna.

Vincularlo poco a poco en amor, como en los días de la creación, hasta que llegara al séptimo día. Hasta el reposo, donde lo eterno de Dios gobierna lo tangible. Donde la Luz primera prevalece.

El espacio/tiempo es una cárcel de temores cuando no ha sido invadida por la eternidad. Pero cuando lo eterno llena lo tangible, entonces podemos descubrir tesoros reservados solo para ese ámbito.

Así es, el espacio/tiempo fue creado para servir a Dios y sujetarse a la eternidad. El polvo siendo guiado por la Luz primera, ¿imaginas que maravillas ocurren cuando estos dos ámbitos se fusionan?

Aunque lo eterno es mayor que lo temporal, ambos son necesarios en el diseño de gobierno de Dios sobre la Tierra.

Por ejemplo, en un ámbito sin tiempo sería innecesario e imposible experimentar la esperanza, lo cual es un tesoro celestial.

La esperanza en Dios implica un espacio/tiempo de espera, pero también implica que la eternidad gobierna, haciendo que el amor venza todo temor al futuro.

Jesús no murió y resucitó el mismo día, tuvo una demora planificada, una espera. Hubo días de espera y gradualidad, donde Jesús mostró su confianza y gozo en el amor eterno del Padre.

Por esto sabemos, que la resurrección es la dimensión de la esperanza en Dios. Una esperanza completa, porque lo eterno irrumpe con su trascendencia el espacio/tiempo, que está en espera llenándonos de paz y gozo, al creer que el amor del Padre nos sostiene más allá de la misma muerte.

Por eso, la esperanza de Dios no avergüenza (Romanos 5:5), ya que es la certeza de saber que somos amados por el Padre y que lo eterno es más real que lo tangible.

Por esto, los mártires del pasado, que padecieron tribulación, caminaban gozosos en la esperanza (Romanos 12:12). Sabían que mirando en perspectiva sus vidas y comparándolas con la verdad eterna, el dolor era momentáneo, pero la gloria era duradera.

Todo esto es un tesoro que solo puedes descubrir cuando caminas en el espacio/tiempo, pero estando lleno de lo eterno.

Otro aspecto interesante es entender cómo Satanás miraba el espacio/tiempo y cómo quedó atrapado en su pecado.

Satanás se rebeló en un estado atemporal, y por eso mismo menosprecia a los hombres que fueron formados del polvo, es decir del espacio/tiempo.

En su orgullo, despreció el espacio/tiempo. Por eso no buscó arrepentirse y menospreció el pedir perdón o perdonar. El perdón es una acción divina que solo se vuelve posible cuando dejas atrás (en el pasado) la transgresión.

Por otra parte, le es imposible a Satanás entender la esperanza, ya que en ambas cosas el amor (que es eterno) irrumpe en el espacio/tiempo y lo llena todo.

El arrepentimiento, el perdón y la esperanza, son experiencias en que la eternidad invade la temporalidad. Son verdades donde el espacio/tiempo opera a nuestro favor, pero solo cuando se encuentra con lo eterno.

Como sabemos, Satanás indujo a Judas a traicionar al Señor (Juan 13:27), porque le era imposible ver esperanza, o un buen fin, en el acto de la traición de un amigo.
Pero siempre fue el plan de Dios que el postrer Adán sufriera la traición, para perdonar a la humanidad que lo había traicionado desde el primer Adán en adelante.

Cristo veía la cruz con esperanza de que lo eterno irrumpiría sobre el espacio/tiempo, pero Satanás nunca pudo entender cómo en un solo día Dios podría revertir todo el mal que las tinieblas habían hecho.

Satanás nunca lo vio venir, Dios creó el espacio/tiempo y en él ocultó de Satanás su plan, usando la demora y la gradualidad.

El Padre decide el juicio y la derrota del enemigo en la dimensión eterna, antes de la fundación del mundo. Pero la ejecuta en la dimensión del espacio/tiempo, irrumpiendo en ella con su eternidad.

5. Vincular el Espacio/Tiempo

Dios pudo haber dicho "que se haga todo en un solo día". Sin embargo, decidió demorarse y ejecutar su creación en diferentes días.

Como veremos, los siete días del Génesis nos entregan testimonios profundos de Dios y su creación, que además son capaces de vincular el espacio/tiempo con la eternidad. Este cambio también produce en nosotros una progresiva transfiguración, un revestimiento de lo celestial.

En esos siete días, Dios soltó palabras que aún resuenan en toda la creación. Paso a paso, transformación tras transformación, esas palabras llevaron a completar la dimensión de la Tierra como una revelación terminada y vinculada con lo eterno, donde la luz y la vida dominaba todo y la eternidad gobernaba sobre ella.

Así mismo, nosotros también podemos caminar de revelación en revelación, hasta experimentar completamente el poder de la resurrección, donde la Ciudad de Dios y la dimensión de la Tierra son una sola cosa.

Para esto debemos comprender que, como la Tierra, necesitamos ser llenados de eternidad en nuestro propio espacio/tiempo. Y para ser conscientes de ese cambio, debemos ser primero conscientes de la unión entre ambos elementos. La unión del tiempo y de lo Eterno.

Por ejemplo, las células de nuestro cuerpo portan tiempo dentro de ellas, son reguladas por diferentes tipos de relojes sensibles, como el circadiano del cerebro, que regula el sueño y la vigilia.

También, podemos reconocer ciclos internos del cuerpo que duran semanas o hasta años, como el ciclo menstrual o el proceso del crecimiento. Son verdaderos metrónomos que están en los tejidos más internos de nuestro cuerpo.

¿Cómo podemos unir esos relojes de la creación con la eternidad? Creo firmemente que los aceites esenciales, en unión con la fe en Cristo, pueden introducir eternidad en estos relojes internos del cuerpo. Introducir eternidad en el espacio/tiempo de cada órgano y tejido interno.

Dios creó en nuestro cuerpo de polvo y en la dimensión de la Tierra estos relojes para guiarnos en una enorme orquesta de frecuencias; como bien lo narra el "Gran Rollo de Melquisedec" (apócrifo), y que para mí es una verdad, la que he tratado de plasmar en la novela "Girasol: un Bosque, un Mapa y un Canto".

"Dios idealizó el Universo como una gran orquesta que, bajo su regencia, deberían vibrar acordes armoniosos de justicia y paz.

Para cada criatura Él compuso una canción de amor"
Gran Rollo de Melquisedec 1:1-2

Estos relojes internos y en la naturaleza no se resisten a la voz de Dios, por el contrario, se sujetan a esa voz poderosa que va marcándoles el ritmo. Y cuando el reloj y el tiempo se mueve, se transforma también el espacio.

Un claro ejemplo de cómo el espacio/tiempo obedece a la voz eterna del Señor, son las palabras de Dios para anunciar el nacimiento milagroso de Isaac. El que sería figura de los Hijos de la Sion celestial.

"De cierto volveré a ti; según el tiempo de la vida, he aquí que Sara tu mujer tendrá un hijo..."
Génesis 18:10

Sabemos que Isaac todavía no era concebido cuando fue dada esta palabra de Dios, que

Sara era estéril y además había pasado la edad de ovular, su reloj interno se había frenado. Pero el Señor activó en ella *"el tiempo de la vida"* para que su vientre (espacio) concibiera y diera a luz en un tiempo señalado.

Se cree que el *"tiempo de la vida"* hacía referencia a la temporada de la primavera, donde todo germina y fructifica. Sara había vivido muchas primaveras y no fue hasta recibir el testimonio divino que ella pudo concebir y unirse a la voz de fructificación que operaría también en la Tierra.

Entonces, tal como en Génesis, el espacio/tiempo del cuerpo y de la dimensión de la Tierra responde a la Voz del Padre, y se modifica a su ordenanza.

Cuando Dios cambia un tiempo, cambia también un espacio. Y cuando él transforma un espacio, es porque el tiempo se ha movido también.

Hoy la humanidad se acongoja por los fenómenos naturales que están cambiando los espacios. A esto le llaman "calentamiento global", y es en resumen el resultado del cambio en los ciclos del agua. El espacio natural cambia de forma agresiva, lo que nos debería advertir sobre un cambio de tiempo inminente que ya comenzó.

Necesitamos que el Padre hable sobre nosotros y transforme nuestro espacio/tiempo. Ya que muchas veces nuestro reloj y espacio interno está más determinado por el Mundo caído, que por el gobierno eterno de Dios.

Al mirar con detenimiento los primeros días de Génesis, podremos unirnos a la creación y recibir también la voz de Dios en nosotros. De esta manera, experimentar esas transformaciones profundas para también, en algún momento, establecerla en nuestros territorios.

6. El Tiempo Progresivo, vinculante y Trascedente de Dios

Génesis nos muestra cómo Dios actúa en sus transformaciones. Como hemos visto, a veces esas transformaciones son progresivas. Sabemos que el Padre en su corazón ya tiene el panorama completo, aun así, guía a la creación y a sus Hijos paso a paso a esa plenitud.

Aunque lo parezca, este no es un camino lineal y lógico, de hecho, muchas veces se comporta fuera de toda lógica humana. Es más bien como una melodía, un sonido que no tuvo principio.

Cuando inicia el relato de la creación, sabemos que habrá un trayecto hacia lo completo y pleno en el reposo del día séptimo. Transitamos por cada versículo viendo las diferentes transformaciones que se superponen y fusionan una sobre otra, día tras día.

Dios actúa de forma progresiva, ejerce una necesaria demora gradual hacia una dirección determinada de plenitud.

El relato de Génesis nos marcará la pauta de cómo Dios opera sobre y dentro del espacio/tiempo de la creación.

La creación no es una acción instantánea, porque Dios busca también el vínculo. Él no revela su corazón de un solo golpe, como algo apresurado y superficial.

Esta búsqueda de generar un vínculo, es para mí el objetivo de las genealogías en los evangelios, mostrarnos los vínculos de Dios con cada generación y manifestar la gradualidad hasta la consumación y trascendencia en Cristo. Que podamos ver cómo fuimos llevados desde el día posterior a la caída, donde la Tierra y la humanidad quedaron sumidas en vanidad, hasta retornar al séptimo día, que es la resurrección de Cristo.

Vemos esa gradualidad en la acción de cada profeta que toma de lo profetizado por sus ancestros de fe y desde esa plataforma profetizaba hacia el futuro, mirando hacia Cristo (quien es el reposo, el séptimo día).

El profeta sabía que había vínculos más allá de su existencia. Que hay una verdad antes que él, una verdad que se manifiesta junto con él y otra verdad que está viniendo cada día. Pero que todo esto ES en la eternidad.

Cristo se muestra como Señor Eterno, como principio y fin, y a la vez se describe como el que fue, que es y que se está manifestando continuamente (Apocalipsis 1:8). Cristo se revela como eternidad y temporalidad.

Además, podemos ver que, en su esencia eterna, Dios creó un principio para la humanidad, un Génesis que luego avanzó hasta un día sexto y del término pasó a la trascendencia del huerto.

Esta gradualidad es clara en la última semana de Cristo en Jerusalén. En ella vemos el avance del espacio/tiempo para fusionarse con la eternidad.

El sexto día es la obra de Jesucristo en el corazón de la Tierra, descendiendo a iluminar a los espíritus encarcelados, multiplicando la eternidad y sojuzgando la Tierra desde sus entrañas. Mientras en la ciudad, las mujeres preparaban los aceites y las especies para ungir su cuerpo mortal, su humanidad.

Después del sexto día y del término de toda obra, aparece la puerta abierta para traspasar el final y trascender a lo eterno en la resurrección del séptimo día.
La eternidad vuelve a la tierra.

Como veremos a continuación, esta verdad se establece desde Génesis, en cada día de la creación. El Padre profetizó toda su obra mientras creaba la dimensión de la Tierra.

7. El Número del Juramento

Veamos entonces este camino ascendente y contemplemos la sabiduría del Señor al formar la dimensión de la Tierra y vincularla completamente a su eternidad.

Dijimos que la dimensión de la Tierra es un altar y por ser un altar es también un espacio sagrado y un lugar para producir un juramento.

Es el juramento del pacto, ese vínculo profundo con lo eterno, el que fue quebrantado por Adán (Oseas 6:7), pero que es recuperado en Cristo.

La creación espera la manifestación de los Hijos de Dios, porque son los Hijos los que portan el séptimo día que la dimensión de la Tierra ha perdido. Ellos pueden establecer nuevamente el juramento antiguo.

Para entenderlo, será clave comprender el número de días que utilizó el Señor para establecer la dimensión de la tierra. El número de días que demoró, deliberadamente, en vincular la materia con la eternidad.

El siete implica lo pleno y completo. Pero no cualquier hecho completado, sino aquello que tiene plenitud divina. Y, por lo tanto, se conecta de forma sagrada a lo eterno.

En el hebreo antiguo *siete* se decía *sheva*. Esta palabra es además ocupada en todas las escrituras para tres conceptos. Primero, el número siete como cantidad, luego plenitud y también juramento.

Las escrituras están llenas de referencias a este número, al *sheva*, de manera explícita al nombrarla, y de forma implícita al hacer estructuras literarias con múltiplos de siete. Y todas estas referencias gravitan en torno a estos tres conceptos (la cantidad, lo pleno o el juramento).

La Biblia Textual señala este ejemplo. Al inicio del Génesis, el primer versículo o frase que hace el preámbulo de la creación, al decir las escrituras *"En principio creó Elohim Alef Tav los cielos y la tierra"* se utilizan exactamente siete palabras hebreas.

La escritura original comienza con un versículo compuesto por el siete, que es *Sheva/Juramento.*

Lo que se describe en miles de frases posteriores en las escrituras es, por lo tanto, un juramento. Comenzando por los siete días, donde se construyó un vínculo pleno entre la dimensión creada del espacio/tiempo y lo eterno de Dios.

Siempre hemos relacionado el número siete al concepto de plenitud y de algo completo, dándonos la imagen de algo próspero. Pero

olvidamos que siete también es juramento.
Lo que implica que la plena prosperidad del
huerto en Edén provenía del juramento.

Veamos un ejemplo en Abraham, el pastor
nómada que sale de la gran ciudad de Ur de
los caldeos rumbo a la Tierra de la herencia,
que es a la vez una ciudad que no tiene
fundamento humano. Lo hace por fe, guiado
por las promesas fieles de Dios con su futura
descendencia.

Abraham es figura de nuestro viaje hacia la
dimensión de esa Tierra que es una con la
ciudad celestial.

El patriarca debe continuamente mover su
tienda, porque es un movimiento del
espacio/tiempo y una trasformación gradual
de su interior que lo va vinculando y
revistiendo de lo eterno. Cuando llega a
Beerseba (pozo del siete/sheva o del
juramento) Abraham juramentó la no
agresión y la posesión del pozo.

Para eso utilizó siete corderos, que serían los corderos del juramento (Génesis 21:22-30).

Este hecho es utilizado hasta el día de hoy por la nación de Israel en su reclamo de pertenencia de las tierras palestinas. El relato antiguo de Abraham demuestra que ellos fueron, de manera legal, los primeros ocupantes. Porque el pacto de Beerseba es un juramento que debería ser cumplido en esa generación y en las próximas.

"Por tanto se llamó aquel lugar Beer-Seba, pues ambos se juramentaron allí"
(Génesis 21:31 BTX).

Luego de juramentar por medio de siete corderos Abraham planta un árbol, que sería símbolo profético de su descendencia (raíz, fruto y semilla) que prosperaría echando raíces en la tierra del juramento, e invoca a El-Olam (El Eterno).

Esto es otra profecía más de cómo Cristo sería el cordero perfecto para el juramento (Hebreos 7:21), que permitiría el brote de una generación y estirpe de hijos vinculados a lo eterno.

"Y plantó un tamarisco en Beer-Seba, y allí invocó el nombre de Adonai El-Olam" **(Génesis 21:33 BTX)**

El concepto *Olam* implicaba eternidad y cuando se refería a Dios, se asumía que el Señor gobernaba desde la eternidad y hasta la eternidad (Salmos 90:2). Para Abraham era invocar al Señor que estaba por encima del espacio/tiempo, para que su presencia se fusionara con aquel lugar temporal.

Pero no lo invoca en cualquier sitio, lo hace en el lugar del juramento.

Abraham, en su entendimiento espiritual recibido por fe, sabía que lo eterno puede vincularse con la dimensión del espacio/tiempo. Pero solo cuando hay un juramento que conecte ambas dimensiones. Un juramento pleno, un vínculo superior.

El número siete vuelve a ser importante en el juramento de Jacob a Labán para obtener a Raquel como esposa, y luego para pagar por Lea. Jacob ofreció siete años de trabajo para dar fuerza a su promesa, claramente no sabía que Labán estaba planeando dejarlo siete años más.

"Y Jacob Amó a Raquel, y dijo: Yo te serviré siete/sheva años por Raquel tu hija menor" **(Génesis 29:18)**

Así el número siete viene a ser un número con tres implicancias, la cantidad, lo completo o pleno y el juramento.

Si continuamos revisando diferentes momentos en las escrituras, veremos que el siete/sheva es nombrado muchas veces con esta connotación de la promesa ineludible. Un vínculo profundo.

Los siete días de la fiesta de los panes sin levadura (posterior a la pascua), debían llevar a Israel a la purificación para sostener el juramento que tenían con el Dios Eterno (Éxodo 23:15).

Los siete fuegos de la menorah, que representan los siete espíritus del Señor, es la luz plena de Cristo, pero también la luz dada bajo juramento.

En la ley de Moisés y mientras ejercía el sacerdocio la tribu de Leví, todo lo consagrado como instrumento del rito que mantenía el pacto de Dios con Israel, o aquello que debía regresar a ser parte del juramento, se rociaba siete veces con sangre, o se untaba siete veces con aceite. Y en caso de purificación, también se consagraba por siete días. (Levítico 4:6/ 8:11/ 8:33-35/ 13:4/ 14:16-27)

Esto no era un número antojadizo, era algo completo, pero completo y pleno para el juramento sagrado.

El *sheva* es constante en Levítico, porque está ligado al pacto y muestra aquello que está completo para ser parte del juramento, ser parte del vínculo profundo con lo eterno.

Y es, a mi parecer, la razón más potente de porqué Apocalipsis también está lleno de este número (usado cincuenta y cuatro veces).

Cada grupo de siete en Apocalipsis, las siete cartas, los siete sellos, las siete trompetas y las siete copas, muestra la forma en la que el Señor cierra el juramento del Sinaí para dar paso al Pacto Eterno en Cristo.

No olvidemos que Dios había advertido a Israel cuando estableció el pacto del Sinaí que, de no cumplir el juramento, serían castigados siete veces. Esta advertencia la hizo cuatro veces, y *cuatro* es el número de la dimensión de la Tierra y de lo creado en el espacio/tiempo. (Levítico 26:18/ 26:21/ 26:24/ 26:28).

Esta advertencia se cumple de forma plena en Apocalipsis con los cuatro grupos de siete (cartas, sellos, trompetas y copas). Es por medio de estos cuatro grupos de siete, que el Señor hace el final del pacto del Sinaí y pasa de lleno al Pacto Eterno, donde Cristo gobierna un cielo nuevo y tierra nueva.

El apóstol Juan subraya acerca de sus visiones, que los hechos descritos en Apocalipsis son la consumación de la ira del Señor a la Israel apóstata (la sinagoga de satanás, con las doctrinas nicolaitas, balaamitas y jezabélicas) que persiguió a los apóstoles y usaba el poder romano para perseguir a la iglesia.

Todo advertido con anterioridad por el mismo Señor, al profetizar contra esa generación de víboras (satanás).

"¡Serpientes, generación de víboras!
¿Cómo escaparéis de la condenación del
infierno?
Por tanto, he aquí yo os envío profetas y
sabios y escribas; y de ellos, a unos
mataréis y crucificaréis, y a otros azotaréis
en vuestras sinagogas, y perseguiréis de
ciudad en ciudad; para que venga sobre
vosotros toda la sangre justa que se ha
derramado sobre la tierra, desde la sangre
de Abel el justo hasta la sangre de Zacarías
hijo de Berequías, a quien matasteis entre el
templo y el altar.
De cierto os digo que todo esto vendrá
sobre esta generación.
¡Jerusalén, Jerusalén, que matas a los
profetas, y apedreas a los que te son
enviados! ¡Cuántas veces quise juntar a tus
hijos, como la gallina junta sus polluelos
debajo de las alas, y no quisiste! He aquí
vuestra casa os es dejada desierta.
Mateo 23:33-38

Para eso el Señor usará estos cuatro grupos de siete, para castigar a los apóstatas que traicionaron el juramento, y que derramaron la sangre de los justos.

Este cierre del pacto del Sinaí y la apertura del pacto eterno, implica la creación de una Tierra nueva (Apocalipsis 21:1). Una creación que ahora está juramentada para Cristo y que puede volver a ser invadida por la eternidad, por medio de la iglesia.

Vemos entonces, que aquello relacionado con el número siete va más allá de solo considerarlo algo pleno. Es también algo vinculado al juramento y al pacto.

Con esto en nuestro espíritu, quiero que podamos revisar cómo este juramento se fue entretejiendo y dando forma cada día cuando el Señor estableció la dimensión de la tierra.

8. Los días de la Dimensión de la Tierra y los juramentos por la fe.

En el año 2016, cuando escribí sobre los días de la creación en el libro *Dimensión Ekklesia* mi entendimiento del juramento aún estaba en desarrollo. Ese año, el Señor me dio tres rollos en el Espíritu que debía escribir como libros, el primero fue *Dimensión Ekklesia*, el segundo fue *Batallas en el Gran Monte* y ahora el último he tenido que escribirlo en partes en la serie *Hijos de la Mañana*.

En el 2016, había pasado varios días siendo llevado por el Espíritu Santo al momento creativo de cada día del Génesis. Esto me aterrorizó en un inicio, por ver la explosión de poderes que se desataban cada uno de esos días y ver los múltiples relojes de la naturaleza.

Fueron revelaciones vertiginosas para mí, hasta el día de hoy medito en ellas.

En dicha oportunidad, interpreté que en cada día de la creación se había producido un traslado de sistemas espirituales, que ya existían en la eternidad, hasta el espacio/tiempo.

En aquellos años no incorporé el entendimiento del pacto y los juramentos, ya que estaba impresionado por cómo cada manifestación, en esos siete días, tiene una relevancia enorme en nuestra victoria sobre los sistemas del mundo. Algo que quedó plasmado en el libro *Dimensión Ekklesia*.

Ahora, comprendo que aquello que veía era más bien la impartición de Dios, de su esencia (no sistemas), que al ser puestos en el espacio/tiempo se comportaban como *magnitudes*.

Aun así, siguen siendo radicalmente importantes para vencer los sistemas del mundo y las hechicerías de Jezabel. Como se describe en el libro *Dimensión Ekklesia*.

Pero al mirar estos principios como *magnitudes* podemos entender que en Génesis Dios mismo hacía que lo inmedible e insondable de su esencia, pudiera ser medido y pesado al crear la dimensión de la Tierra.

Fue así como creó la realidad tangible desde lo eterno y luego vinculó esa misma realidad de regreso a la eternidad. Porque una *magnitud* es algo que puede ser medido, pesado y hasta contabilizado, y que puede ser utilizado como una pieza de lo material.

Un ejemplo es lo que el Señor le dice a Juan luego de comer el rollo de las profecías sobre las naciones (Apocalipsis 10).

*Apocalipsis 11:1 Entonces me fue dada una caña semejante a una vara de medir, y se me dijo: Levántate, y **mide** el templo de Dios, y el altar, **y a los que adoran en él**.*

Aquí se le da la orden de medir a los adoradores. Claramente, medir la adoración no es algo que se pueda hacer con métodos humanos. Para eso la adoración debe convertirse en una magnitud medible y se debe tener un instrumento que pueda medirla. En este caso, la vara de medir era la palabra profética del pacto eterno.

Estos momentos podemos encontrarlos en todas las escrituras. Dios toma aquellas cosas espirituales y las mide o las pesa.
Veamos otro ejemplo en Jeremías.

"Porque como hiere un enemigo te herí, con azote de adversario cruel, a causa de la <u>magnitud de tu maldad</u> y de la multitud de tus pecados" **Jeremías 30:14**

¿Existe alguna calculadora que pueda cuantificar la maldad? ¿Existe una forma de pesarla y reconocer que es más malo y que es menos malo? La maldad puede ser algo muy abstracto y subjetivo, pero para el Señor si hay una forma de cuantificarla con exactitud.

Aquí vemos que la maldad puede ser medida y que fue tan grande en tiempos de Jeremías, que Dios la castigó con severidad. También podemos ver que el pecado pudo ser contabilizado, al punto de reconocer que se había acumulado una multitud.

Esta medida, y la forma de contabilizar algo tan abstracto y subjetivo como la maldad, fue posible en tiempo de Jeremías, porque existía un juramento (la ley del Sinaí).

El juramento establecía lo bueno, lo malo y hasta lo muy malo. El Juramento medía y pesaba la magnitud de las acciones buenas y malas.

Así fue como la maldad, algo abstracto e inmedible, se transformó en algo que podía ser pesado por el juramento. Ese Juramento fue la balanza y la vara de medir.

En los días de la creación, el Padre tomó de sí mismo características eternas, insondables e inmedibles, y las introdujo como *magnitudes* posibles de entender para nosotros. Esas magnitudes están sujetas a un juramento, que no es el del Sinaí, **sino el juramento eterno en Cristo, primogénito de la creación.**

Cada día del Génesis se añadían magnitudes que revelaban a Cristo, para hacer de la Tierra una dimensión santa, plena y que refleje la eternidad.

Así, Dios mismo se movería de lo eterno hacia el espacio/tiempo, traspasando magnitudes, para luego juramentar ese espacio/tiempo con la eternidad.

Se que esto puede ser complicado de entender, pero para poder hacer más práctico el entendimiento de este trayecto que duró siete días, lo iremos comparando con el movimiento de Abraham en su relación con el Señor. Esto nos dará un ejemplo de lo que es caminar en fe y como podremos también recobrar ese juramento antiguo.

Abraham: Heredero de la Tierra

Abraham es el hombre que camina poniendo su confianza en lo invisible por sobre lo que ven sus ojos. Él sabía que lo Eterno gobernaba.

Esta comparación es para que podamos ver de forma clara que la formación de la dimensión de la Tierra está apuntando a ciertas acciones de fe que nos ligan al juramento.

Ciertos traslados de Dios, de su esencia invisible a magnitudes visibles, nos invitan a vincularnos a lo eterno y trascendente.

En el caminar de Abraham podremos ver siete manifestaciones del juramento relacionados a los siete días de la creación. Esto para nada pretende ser una receta, o una guía de *"los siete pasos para..."*

Más bien, es ver el ejemplo de un hombre de fe que, sin tener más recursos espirituales que un corazón dispuesto, es guiado por Dios a heredar la Tierra.

Cuando veo su vida me pregunto "¿se necesita algo más que fe?", al parecer para Dios esto es más que suficiente.

Para aquellos que buscamos traer nuestros territorios al estado de la dimensión de la Tierra nueva en Cristo, teorizar sobre los días de la creación es poco práctico. Necesitamos saber cómo es experimentarlo, no por los sentidos naturales, sino en una vida de confianza en lo invisible. Y esto es algo que Abraham como profeta vivió.

Necesitamos aprender cómo caminar en fe y así manifestar la *hijidad* que se nos fue dada por gracia.

Abraham es el hombre que cree con toda su mente, fuerza y corazón; es también aquel que es justificado y juramentado por Dios por la fe. Abraham es aquel profeta que caminó en el tiempo, pero confiando en lo eterno. Lo hizo de tal manera, que Dios consideró sus actos de fe como justos y le dio por herencia la tierra.

Si queremos poseer la nueva Tierra y cumplir con el mandato irrevocable del Señor, de sojuzgarla y multiplicar eternidad en ella. Debemos, como Abraham, aprender a transitar en el espacio/tiempo bajo los juramentos eternos.

Dios le entregó la tierra al profeta Abraham, se la concedió por la fe, mediante siete manifestaciones del juramento. No será distinto para la iglesia profética de hoy.

Estas siete manifestaciones están también en los siete días de la creación.

9. Día primero: La Luz de las definiciones de fe.

"Y dijo Dios: Sea la luz; y fue la luz.
Y vio Dios que la luz era buena; y separó
Dios la luz de las tinieblas. Y llamó Dios a
la luz Día, y a las tinieblas llamó Noche. Y
fue la tarde y la mañana un día."
Génesis 1:3-5

La luz vino y definió lo que era Día y lo que era Noche. Y la noche no tenía cabida en la dimensión de la tierra. Desde el inicio se determina que el día (que era Luz) podía ser una unidad compuesta, conformada por la tarde (contracción) y la mañana (expansión).

Ambas formas de la Luz las experimentamos cuando Dios nos demanda preservar esa luz (tarde) o expandirla (mañana).

Esta forma de unidad compuesta, es el termino *ehad* que Dios utiliza al decir "Oye Israel: Yhvh nuestro Elohim, Yhvh uno (ehad) es" (Deuteronomio 6:4).

Nuestro Dios, sin dejar de ser uno, puede componerse de una pluralidad, en este caso, ser un Elohim (Padre, Hijo, Espíritu Santo).

Asimismo, el determina que el día (la Luz) es uno que se compone de la tarde y la mañana. La Luz entonces no siempre está en un enorme fulgor, a veces es tenue como el atardecer o emergente como el amanecer, sin embargo, sigue siendo Luz primera.

La Luz es parte de la esencia de Dios que al entrar en el espacio/tiempo se vuelve una magnitud que puede manifestarse incluso de forma gradual. Como la senda luminosa de los justos que va en aumento, hasta que el día es perfecto (Proverbios 4:18).

Esta Luz implica ciertas definiciones y determinaciones. En el primer día implicó definir lo oscuro como *Noche* y determinar que no sería parte del *Día*, solo la tarde y la mañana.

Las determinaciones de fe implican Luz y nos permiten dejar atrás la Noche. Cuando no definimos y determinamos algo, dejamos espacio para lo confuso, lo ambiguo y esto nos arrastra hacia la tiniebla de la Noche.
Por eso dice en el libro de Job.

"Determinarás así mismo una cosa y te será firme, y sobre tus caminos resplandecerá luz." **Job 22:28**

En mi país hay un dicho antiguo, se dice que *"en la noche todos los gatos son negros"*, este dicho popular lleva consigo la misma idea planteada por el libro de Job.

Cuando no defines y determinas algo, entonces eres parte de la Noche, donde nada es tan preciso.

Así mismo, conocer las determinaciones de Dios nos permite separar la Noche del Día. Todo lo que Él determinó es parte del Día, es parte de su propósito y se vive por fe.

Hay experiencias que Dios determinó de antemano para sus Hijos. Tendremos que vivirlas y transitar por ellas en obediencia, confiando que el Padre es sabio y justo en sus determinaciones. Vivir ese momento nos ubica en el Día y en la Luz de lo eterno.

Sin embargo, aunque Él determina un momento ineludible, no necesariamente establece quien más será parte de aquello. Por eso Jesús dice acerca del momento en que será traicionado:

"A la verdad el Hijo del Hombre va, según lo que está determinado; pero ¡ay de aquel

*hombre por quien es entregado!" **Lucas 22:22**

Había una determinación, una luz, que el cordero que había sido inmolado antes de la fundación del mundo, en lo eterno, fuera también crucificado en el espacio/tiempo. Pero no se había determinado quién lo traicionaría, solo el que se inclinara a la maldad y se dejara seducir por el maligno terminaría por ser el traidor.

Cristo, al obedecer como hombre las determinaciones eternas, se sincronizó en el espacio/tiempo con el Día, moviéndose dentro de la luz. Él sabía que su crucifixión era parte del destino determinado para Él, era parte de *la tarde del Día*.

Primero, Cristo tenía que manifestar la tarde (cruz) y luego, la mañana (resurrección). Eso había sido determinado antes de la fundación del mundo.

Jesús entregó su Espíritu al inicio de la tarde del horario judío, a la hora novena (Lucas 23:44-46). Por eso, dice acerca del momento en que entregaría su vida al sacrificio:

"Nadie me la quita (la vida), sino que yo de mí mismo la pongo. Tengo poder para ponerla (en la tarde), y tengo poder para volverla a tomar (en la mañana). Este mandamiento (esta luz) recibí de mi Padre" **Juan 10:18**

La determinación de la inmolación venía de la eternidad, al obedecerla el Hijo se mantenía en el Día. Esto involucraba que él mismo también se determinara a obedecer lo invisible. Con esto, la Noche, las tinieblas, quedaban fuera de la ecuación.

Para Abraham, las determinaciones de fe también serán una sincronía, en donde él asumirá el mandato de Dios para ubicarse en la Luz, en el Día. Lo hará sin excusas, sin muchas preguntas, lo hará en completa fe. Y comenzarán tras recibir su primer juramento de Dios.

Abram (que aún llevaba ese nombre) había salido de su tierra junto con su padre Taré, estaba en Harán cuando Taré muere a los doscientos cinco años (Génesis 11:31-32).

Dios había hablado a Abram y le ordenó salir de su tierra, dejar su familia y la casa de su padre para ir a una tierra que Dios le mostraría durante el viaje.

La promesa de Dios es hacer de él una gran nación, protegerlo y bendecirlo (Génesis 12:1). Este juramento, recibido por fe, lo impulsó.

No sería un viaje corto. Solo hasta Siquem, su primer punto de ingreso a tierras de Canaán, habría ciento cincuenta kilómetros de ruta a pasos de caravana. Debía mover las tiendas y además el ganado que llevaba consigo.

Esta historia pudo haber terminado justo aquí con un "Y Abram tuvo temor, porque ya tenía setenta y cinco años y se quedó en el lugar donde murió su padre, y allí murió también".

¡Pero sabemos que la historia fue otra! Ya que, Abram creyó en lo que no podía comprobar con sus sentidos, aceptó las determinaciones eternas y se llenó de Luz.

Lo creyó, y esa fe se manifestó en él con la determinación de moverse. Determinó una cosa y esa fue firme, entonces dice: "Y se fue Abram, como Jehová le dijo…" (Génesis 12:4)

Fue el día primero en el Génesis de un hombre de fe. Este día implicó definir y determinar que el Día, la Luz, no estaba en Harán, ni con la tumba de su padre Taré. A sus setenta y cinco años Abram supo que allí no estaba su final.

Abram sabía que, para ubicarse en la Luz, él debía confiar en la promesa divina y decidir en consecuencia con aquello que había creído.

Tenía que obedecer la voz del Señor que lo iluminaba, y avanzar buscando lo trascendente. A sus setenta y cinco años, Abram no se estaba jubilando, él estaba pasando por la fe por la mañana de su primer Día.

Y esto es clave para aquellos que desean heredar la Tierra y restaurarla al propósito eterno. Para hacerlo, Dios necesita hombres y mujeres que crean que lo invisible es más real que aquello que perciben los sentidos. Que abracen las determinaciones celestiales. Y que en esa fe se determinen y se definan con armas de la Luz.

La voz eterna que escuchas en tu interior y que te ordena tomar ciertas decisiones, es más real que la situación de tu familia; más real que la edad de tus huesos; más real que la tecnología o posesiones con las que cuentas; y es más real que los conocimientos que creas tener. Esa voz eterna es Luz y puedes entrar en ella.

El viaje del patriarca comenzó en Luz, sin embargo, vino la tentación de la Noche. Cuando Abram desciende a Egipto (la Noche) y temeroso por su vida, decide fingir que Saraí es su hermana.

Esa ambigüedad (tiniebla) estuvo a punto de hacer sucumbir todo el plan de Dios para Abram. Él olvidó que la promesa de bendición sobre la simiente también incluía a su esposa. Abram puso su seguridad por sobre la de su esposa y esa necesidad de protegerse a sí mismo lo llevó hacia la Noche de Egipto.

Siempre encontraremos ese momento en que debemos decidir, el Día o la Noche, obedecer en fe o protegernos a nosotros mismos.

La falta de fe y de determinación (Luz) de Abram puso en riesgo dicha simiente bendita y obligó a Dios a castigar a Faraón, para que expulsara a Abram de Egipto.

La amonestación del Señor es clara cuando nos advierte de evitar toda ambigüedad.

Mateo 5:37 Pero sea vuestro hablar: Sí, sí; no, no; porque lo que es más de esto, de mal (del maligno) procede.

Este es el primer día y todo Hijo de Dios, que desea multiplicar lo eterno en la dimensión de la Tierra, debe entrar en esa luz.

10. Día Segundo: Separación por la expansión.

"Luego dijo Dios: Haya expansión en medio de las aguas, y este separando las aguas de las aguas. E hizo Dios la expansión, y separó las aguas que estaban debajo de la expansión, de las aguas que estaban sobre la expansión. Y fue así. Y llamó Dios a la expansión Cielos. Y fue la tarde y la mañana el día segundo."
Génesis 1:6-8 BTX

Aquí las aguas eternas (las de arriba) se separan de las naturales (las de abajo). En medio queda la expansión, que luego sería la morada de las luminarias.

Dos esencias espirituales y eternas de Dios, el agua y la expansión, se vuelven magnitudes en el agua física y en la expansión de los cielos.

Aquí no se está describiendo a las aguas de arriba como nubes de lluvia, ni las de abajo como algo maligno. Simplemente demuestra una separación que sería momentánea, pero necesaria. Una separación que se produjo cuando la expansión fue creada.

Algo que se resalta en la traducción de la Biblia textual es que esta separación no será algo permanente. Al decir en Génesis que la expansión *"este separando"*, implica algo que solo es de momento, como a la espera de que alguien (Cristo) vuelva a reunir las aguas eternas con las de abajo que son naturales.

Esto es posible, y ocurrió cuando el agua de arriba (Cristo) absorbió la expansión dentro de sí mismo.

El *Agua viva* es una característica de Dios (Juan 4:10) que se volvió una magnitud en Génesis al dejarnos agua física, la misma que vitaliza nuestro cuerpo físico cuando la bebemos.

El *Agua viva*, el agua eterna es la causante de que el agua física exista y sea vital para el ecosistema de la creación.

Estas dos aguas no siempre estarían separadas por la expansión. Cristo descendería para rescatar a los sedientos y ofrecernos el agua de arriba (Juan 7:38).

En la trayectoria de Abram también existe una separación necesaria de aguas, y una expansión que luego será habitada.

Luego de ser librado de la Noche en Egipto, cuando mintió y dijo que Saraí era su hermana, Abram sale de ese lugar y va a vivir entre Betel, que en tiempos de Abram se llamaba Luz (Génesis 28:19), y Hai.

Cerca de Luz Dios estaba prosperando a Abram, al igual que a su sobrino Lot, pero los pastores de ambos tuvieron pleitos entre ellos.

Esto produjo la separación esperada de antemano, ya que las "aguas" de Abram no podían continuar junto a las "aguas" de Lot, aunque este último prosperaba por causa del primero. Abram era de arriba, de fe, pero Lot era de abajo, gobernado por sus deseos.

No deja de ser interesante cómo Abram le muestra la *expansión* del horizonte a Lot, para que él decida dónde quedarse y en torno a qué lugar vivir. Esa expansión de territorio luego estaría entre Abram y Lot.

Abram le dice a Lot *¿Acaso no está toda esta tierra ante ti?* (Génesis 13:9). Lot pudo moverse en cualquier dirección, ir en dirección a Salem (paz), o incluso quedarse donde estaba, en Bet-el (casa de Dios).

Pero la decisión de Lot es acercarse a Sodoma, un lugar donde los *hombres eran malvados en extremo y pecadores ante Elohim* (Génesis 13:10-13 BTX).

Lot demuestra frente a la expansión que no tenía sed de las aguas de arriba.

Cuando esta separación ocurre y la expansión queda entre Lot y Abram, Dios vuelve a manifestar el juramento, por segunda vez, y le promete la expansión del horizonte a Abram.

*Génesis 13:14 Y Jehová dijo a Abram, después que Lot se apartó de él: **Alza ahora tus ojos, y mira** desde el lugar donde estás hacia el norte y el sur, y al oriente y al occidente.*
*13:15 Porque **toda la tierra que ves,** la daré a ti y a tu descendencia para siempre.*
*13:16 Y haré tu descendencia como el polvo de la tierra; **que si alguno puede contar el polvo de la tierra,** también tu descendencia será contada.*
*13:17 Levántate, ve por la tierra **a lo largo de ella y a su ancho;** porque a ti la daré.*

Así mismo, cuando las aguas de arriba se separaron por la expansión en el segundo día, el Padre le prometió a Cristo darle la expansión y las luminarias.

Esto se cumplió cuando Cristo ascendió por sobre los cielos, entonces Miguel y sus ángeles desterraron al dragón y a sus ángeles (Apocalipsis 6:13-14 / 12:7), ya que ahora Cristo era el Señor sobre las estrellas de la expansión (Apocalipsis 1:16).

Por esto y más, este suceso de Abram sigue siendo profético para nosotros. Abram recibe de manera profética, y por herencia, la expansión de la dimensión de la Tierra, porque se separó de las aguas de abajo.

Todo esto es un acto profético que apunta a la manifestación de Cristo y al trayecto que debemos tener.

La separación entonces es necesaria para entrar en verdadero juramento con lo eterno.

Es parte del camino que experimentan los testigos, los santos mártires de Cristo.

Es mediante la separación que podemos habitar en el firmamento de Dios.

Jesús se separó de su familia para cumplir su misión. Nunca dejó de amarlos, pero se enfocó completamente en los negocios del Padre desde su niñez (Lucas 2:49).

Su cercanía con Juan el bautista no respondía a su parentesco, sino más bien a que Cristo sincronizó a Juan con la voluntad eterna desde su concepción. Como un reloj que se activa, Juan saltó en el vientre de Elisabet cuando María, ya embarazada, se presentó (Lucas 1:41).

Con todo, Jesús dejó atrás la aprobación de sus hermanos de sangre y de su madre. En el relato de Mateo podemos ver con claridad como Jesús había trazado esa diferencia.

*Mateo 12:46 Mientras él aún hablaba a la gente, **he aquí su madre y sus hermanos estaban afuera, y le querían hablar**.*
12:47 Y le dijo uno: He aquí tu madre y tus hermanos están afuera, y te quieren hablar.
*12:48 Respondiendo él al que le decía esto, dijo: **¿Quién es mi madre, y quiénes son mis hermanos?***
*12:49 Y extendiendo su mano hacia sus discípulos, dijo: **He aquí mi madre y mis hermanos.***
*12:50 Porque todo aquel que hace la voluntad de mi Padre que está en los cielos, **ése es mi hermano, y hermana, y madre.***

Luego, Cristo dijo que el que no aborrece a su familia por causa de él, no puede ser su discípulo. (Lucas 14:26). Ya que, no podemos tener un vínculo más profundo con otros que el que tenemos con Dios.

Esto no quiere decir que debamos guardar rencor u odio con algún familiar, ni que debamos centrarnos en un activismo religioso y dejar de lado la familia.

Es más bien la acción de separarnos de todo aquello que nos une a la cultura, cosmovisión y herencia de nuestras familias. Separarnos de esas aguas de abajo, para experimentar la expansión y beber del agua viva.

Debemos perder el miedo a no tener la aprobación de los que nos rodean y de los más cercanos. Estar dispuestos a experimentar ese alejamiento, ya que nuestra expansión, el lugar donde brillamos, está en Dios (Efesios 2:6).

Penosamente, he visto demasiados cristianos orgullosos de su cultura familiar, o de sus apellidos, cuando esto implica cierto estatus religioso o económico. Su herencia y expansión está en sus apellidos, en lo que otros hicieron en este mundo antes que ellos, pero no está en Dios.

Recuerdo en mi búsqueda por ser limpio de toda iniquidad generacional, el Señor me pidió que renunciara, en el espíritu, a mis apellidos. De hecho, viaje hasta Italia (de donde provienen mis ancestros de sangre) para finalizar completamente esa separación espiritual.

Esto era necesario, ya que las aguas de abajo no pueden hacer ascender a otras aguas de abajo. Solo el *Agua viva* tiene poder de ascenso.

Si de verdad quería interceder por mi familia necesitaba desprenderme de ellos en el espíritu.

Por eso, Cristo exige una separación. Ya que muchas veces la cultura y la opinión de los más cercanos han sido solo aguas de abajo, aguas que no permiten que nos abramos a unirnos al agua viva.

Jesús le preguntó a la mujer de Samaria por sus parejas anteriores, ya que ellos habían sido aguas de abajo que nunca saciaron la sed del alma de aquella mujer.

Ella tenía que definirse como separada de ellos, para así poder estar dispuesta a beber el agua viva que Cristo le ofrecía. Cuando la samaritana dijo *"no tengo marido"* (Juan 4:17), ella estaba diciendo *"no tengo juramento",* entonces se hizo apta para entrar en las abundantes aguas de Dios.

El principio es simple. La expansión trae consigo separación de las aguas de abajo y esa separación antecede a la entrada en la expansión eterna de Dios.

Abram lo experimentó, la Samaritana lo experimentó y Cristo lo estableció como una exigencia para poder ser discípulo del Agua viva.

Cuando se trata de ministrar las aguas de los ríos y los mares de nuestros territorios. Cuando queremos traer lo eterno al espacio/tiempo de los manantiales de nuestras montañas. Si solo tenemos agua de abajo, nada nuevo tenemos que ofrecer.

Lo que la creación espera son aguas en libertad, aguas de arriba que provienen de Cristo.

Esas aguas brotan por el Espíritu en aquellos que se han desligado de la opinión del entorno. Aquellos que ya han pasado el dolor de separar sus opiniones de seres amados con el fin de entrar en la expansión de Dios.

11.   Día Tercero: La Reunión y la semilla.

*Génesis 1:9 Dijo también Dios: **Júntense** las aguas que están debajo de los cielos en un lugar, **y descúbrase lo seco.** Y fue así.*
1:10 Y llamó Dios a lo seco Tierra, y a la reunión de las aguas llamó Mares. Y vio Dios que era bueno.
*1:11 Después dijo Dios: Produzca la tierra hierba verde, **hierba que dé semilla;** árbol de fruto que dé fruto según su género, **que su semilla esté en él**, sobre la tierra. Y fue así.*
*1:12 Produjo, pues, la tierra hierba verde, **hierba que da semilla** según su naturaleza, y árbol que da fruto, **cuya semilla está en él**, según su género. Y vio Dios que era bueno.*
1:13 Y fue la tarde y la mañana el día tercero.

El tercer día es importantísimo, puesto que Dios soltará desde su esencia la orden de reunión de las aguas de abajo para que se muestre lo seco y pueda producir semillas.

La reunión de las aguas produjo que lo seco se mostrara.

La orden de reunión es un decreto de Dios que al soltarse reúne lo que está disperso. Cada cosa debe incorporarse junto a aquello a lo que se asemeja.

Muchas veces pasamos por alto la importancia de este comando. Pero esa orden es soltada cada vez que Dios desea que se muestre la pertenencia de cada elemento.

Es un sonido espiritual que puede juntar elementos (como las aguas), juntar destinos, reunir pueblos y naciones (Job 12:23).

Dios exigía a Israel reunirse con Él, en el *Tabernáculo de reunión* y en las fiestas solemnes. No había otro lugar para dicha reunión, ya que este lugar también definía a qué pueblo pertenecías y con qué Dios tenías juramento (Éxodo 29:42-43/ Éxodo 30:36/ Éxodo 33:7).

Cuando Josué repartió la tierra de la heredad, lo hizo a la puerta del *Tabernáculo de reunión* que instalaron en Silo (Josué 19:51). Fue allí donde la tierra fue entregada delante de Dios.

La tierra no era algo que Dios repartiera de forma individual a cada persona en su tienda, lo **hacía en la comunidad y en la reunión de su pueblo con Él.**

¿Puedes ver la importancia de la orden de la reunión?

Para soltar este decreto, los israelitas hacían sonar el *shofar* (trompeta de cuerno), que soltaba un sonido de convocatoria. Pero este sonido solo hacía efecto cuando estaba cargado por el Espíritu de Dios. Tal como lo experimentó Gedeón.

*Jueces 6:34 Entonces el Espíritu de Jehová vino sobre Gedeón, y cuando éste tocó el cuerno, **los abiezeritas se reunieron con él**.*

La reunión provenía del sonido espiritual, la convocatoria se transmitía por medio de la melodía (Jeremías 4:5), como trompeta, o como el silbido de Dios (Zacarías 10:8).

Recuerdo que, en cierta ocasión, estaba tratando de enseñar a nuestra perrita poodle a venir cuando la llamaba de lejos y mostrarse. Esta era una orden que ella no conocía, ni yo sabía cómo enseñar. Había intentado de todo, desde ponerme comida en la mano, hasta llamarla con gestos. Pero cuando la distancia era mucha no había forma de que entendiera lo que quería, ella solo se detenía y me miraba de lejos sin saber qué hacer.

Una tarde de paseo salió corriendo tan rápido que la perdí de vista. Estaba por empezar a preocuparme cuando el Señor me dijo *"da un silbido, una y otra vez, hasta que venga a ti"*.

Sin demora comencé a silbar, para mi sorpresa ella escuchó, entendió y corrió alegre hasta donde yo estaba.

Probé el mismo mecanismo una y otra vez, y cada vez que silbaba ella venía sin necesidad de ninguna señal o premio final. Dios me había permitido comprobar algo importante dc su sonido de reunión.

Ahora bien, el sonido de convocatoria no tenía como único fin el juntar a las personas, también incluía que aquellas personas se reunieran donde Dios se presentaría.

Nehemías les dijo la siguiente promesa a los israelitas que habían sido amenazados de ser atacados y que edificaban el muro:

*Nehemías 4:20 En el lugar donde **oyereis** el sonido de la trompeta, **reuníos** allí con nosotros; **nuestro Dios peleará por nosotros.***

Al reunirse, podían resistir juntos. Pero más que eso, lo importante era la promesa de que se estaban reuniendo con Dios, quien pelearía por ellos.

El Padre está en todo lugar donde le invocan, pero cuando dos o más se reúnen en su nombre, Él no falta a esa cita (Mateo 18:20). Se manifestará y se exaltará en medio de los suyos (Salmos 107:32), y los reunidos se llenarán de su misma esencia (Salmos 82:1).

Durante abril del año 2020, muchas personas reportaron y grabaron un sonido extraño que se escuchaba claramente en el cielo de naciones como Estados unidos, Australia y América del Sur.

Los videos de este fenómeno aún pueden ser encontrados en internet.

Un vocero de la Nasa le dijo al medio británico *Daily Mail* que la Tierra tiene a veces "emisiones de radio naturales". Y que "suenan como música de fondo de una película de ciencia ficción extravagante, pero esto no es ciencia ficción, es real".

Los mismos expertos de la Nasa explicaron que se trata de un *"cielomoto"*: una especie de terremoto en el cielo. Y con un poco más de precisión dijeron: "mientras que en la tierra los movimientos sísmicos ocurren a causa del choque de placas, en el cielo se produce por el choque de masas de aire calientes y frías".

Pero nosotros podríamos decir, que una Voz de convocatoria que en esencia es espiritual, estaba sonando en el espacio/tiempo como una magnitud audible.

El 2020 el sonido podía ser escuchado en la misma atmósfera. Dios estaba llamando a los suyos a reunirse. El trigo (sus hijos) estaban siendo congregados, algunos en las casas y otros en el mismo cielo.

Al escribir esto busco que consideremos que este poder de Dios, para reunir lo semejante, es de una importancia profunda. También tiene que ver con un sentido de pertenencia, y con no perdernos en el basto infinito de la eternidad.

El día en que nuestro cuerpo mortal termine su tiempo, nos reuniremos en la eternidad con todos los hijos del Reino. Pero en esa reunión estaremos junto a los justos que nos fueron antes conocidos, y junto a aquellos que nos antecedieron en la ruta por conocerle más a Él. Por eso se dice de Jacob y de los patriarcas:

*Génesis 49:33 Y cuando acabó Jacob de dar mandamientos a sus hijos, encogió sus pies en la cama, y expiró, **y fue reunido con sus padres.***

En ese eterno presente de gloria, seremos reunidos con nuestros semejantes. Y al sonido de la trompeta de la voz de Dios, los que nos antecedieron nos verán junto a ellos.

Lo que quisiera que entendamos es que la voz de reunión es un sonido espiritual irrevocable y poderoso. Que sale para juntar aquello que se asemeja.

Dios tiene la facultad de reunir naciones y hasta juntar a las fieras del campo en lugares específicos e inesperados. Muchas de las migraciones de aves y de diferentes bestias responden al sonido de reunión que el Padre soltó sobre ciertos lugares. ¿Es tu tierra un lugar donde ellas se reúnen? Entonces ese sonido, aunque no lo puedas oír, esta sonando en ese lugar.

Como bendición o como juicio, el Señor convocó a las bestias a quedarse en ciertos territorios y poner de sus características en esos lugares.

*Isaías 34:14 Las fieras del desierto **se encontrarán** con las hienas, y la cabra salvaje gritará a **su compañero**; la lechuza también tendrá allí morada, y hallará para sí reposo.*
34:15 Allí anidará el búho, pondrá sus huevos, y sacará sus pollos, y los juntará

*debajo de sus alas; también **se juntarán** allí buitres, cada uno con su compañera.*

*34:16 Inquirid en el libro de Jehová, y leed si faltó alguno de ellos; ninguno faltó con su compañera; **porque su boca mandó, y los reunió su mismo Espíritu.***

*34:17 Y él les echó suertes, y su mano les repartió con cordel; para siempre la tendrán por heredad; **de generación en generación morarán allí.***

¿Qué hace que algunas bestias crucen los océanos, los cielos y la tierra para anidar en ciertos territorios específicos? Sin duda hay causas biológicas, pero, sobre todo, ellos escuchan la voz de convocatoria de Dios. Escuchan la orden irrevocable e irresistible.

Meses después de que sonara en la atmósfera el sonido de convocatoria en diferentes naciones, una manada de quince elefantes asiáticos escapó de la Reserva Nacional de Xishuangbanna en China. Comenzando un largo viaje por los poblados de ese país.

Mientras escribo, los elefantes ya llevan varios meses de ruta y más de 500 km de peregrinaje lejos de su hábitat natural. Los expertos aún no saben qué los movió a dejar su hábitat en la reserva y marchar hacia el norte, cruzar poblados habitados y desplazarse hacia una zona donde nunca se ha visto algún elefante.

Simplemente, algo los convocó a salir de su posición y moverse a un terreno, hasta ahora, desconocido.

Esta migración de elefantes salvajes ya se ha convertido en el centro de atención internacional. Medios de comunicación como la BBC, TV Asahi, o el New York Times, han estado informando sobre el viaje y siguen especulando sobre las posibles razones detrás de la migración. ¿Habrán escuchado un lejano sonido de convocatoria?, ¿siguen un sonido y buscan una mejor tierra donde prosperar como manada?

Dios tiene el poder de convocar con sus sonidos. Aquel que obedece ese mandato, sin duda, prosperará. Ya que en esa reunión el Señor se manifiesta y llena de poder a los que se congregan a su voz. Cuando responden a esa voz de santa reunión, el Padre responde con perdón, con restitución, bendición y herencia (Joel 2:16-32).

Ahora bien, es cierto que las tinieblas también se reúnen en el intento de fortalecer la magnitud de sus maldades (Salmos 41:7). Los perversos se van juntando entre ellos, y aunque parezca contradictorio, esto permite que el Señor juzgue con mayor prontitud la maldad.

A veces, los perversos se juntan contra Dios, otras veces, Dios mismo los reúne para decretar sus juicios (Sofonías 3:8/ Apocalipsis 16:14-19).

Para beneficio de nuestros territorios, soltar un sonido de reunión puede convocar a los santos, pero también puede reunir a los impíos para ser enjuiciados. E incluso este sonido puede llamar a los animales a que vuelvan al lugar de donde fueron nativos.

En el trayecto de Abram y en su experiencia de fe, el día tercero, el día de reunión y semilla, se comenzó a manifestar cuando los nueve reyes se reunieron para batallar en el Valle de Sidim que es el Mar de sal (Génesis 14:1-3).

Dios provocó esa reunión de los reyes, para que Abram emerja como lo seco y por ende también brote la semilla.

De la misma manera que Dios ordenó al mar reunirse, estos reyes del mundo caído se juntaron para matarse entre ellos y guerrear unos contra otros por sus intereses. Entre ellos estaba el rey de Sodoma, el que fue vencido y que junto con su derrota llevó a Lot a la cautividad. Sodoma pertenecía al mar espiritual, el que lo absorbió por completo posteriormente.

Este fue el primer juicio contra Sodoma, una advertencia por su perversidad. De no ser por el desubicado Lot, habría acabado como un castigo que, tal vez, hubiera evitado el siguiente juicio de destrucción.

Pero Lot estaba en medio del pleito y Abram se sintió en la obligación de manifestarse en favor de su pariente.

Hasta este punto, habíamos visto un Abram reacio a las batallas, incluso hasta temeroso cuando visitó Egipto. Pero aquí, la reunión de los reyes perversos empuja a Abram a reunir a los suyos. Se reunió el Mar (los nueve reyes) y ahora emergía lo seco (la casa de Abram).

Nos cuenta el relato de Génesis, que Abram reunió solo a los siervos *"nacidos en su casa"* (Génesis 14:14). Ese concepto no implica que efectivamente nacieron en casa de Abram, si no que eran siervos que estaban vinculados de forma profunda con su Señor. Gente fiel y juramentada, a quienes se les consideraba casi como hijos.

Este detalle es importante, ya que hemos visto que Abram estaba viviendo vinculado con los juramentos que había recibido, el primero al salir de Harán y el segundo al separarse de Lot. Estos siervos habían participado de aquellos momentos.

Así que, venía una batalla donde *lo seco* y sus hijos (Abram y sus siervos) chocarían con la reunión del mar (los nueve reyes).

Estos siervos salieron a recuperar a Lot, batallaron y triunfaron. En el proceso Sodoma se libró de la debacle, porque Abram recuperó los bienes de la ciudad y el pueblo que era llevado cautivo fue liberado.

Lo seco (Abram) se elevaba por sobre el Mar (los reyes del mundo). Sodoma tendría unos días más antes de ser destruido y entregado definitivamente a ese mar.

Melquisedec aparece. Su presencia en el relato implica una infinidad de cosas relacionadas con la semilla. Pero lo interesante para nosotros ahora, es que en ese momento Melquisedec vincula a Abram al pacto mediante el pan y el vino, y este último diezma por su semilla, incluyendo en este acto a Leví (Hebreos 7:9), su bisnieto.

Ese juramento es lo que impide que Abram y su semilla se asocien con Sodoma.

Génesis 14:22 Y respondió Abram al rey de Sodoma: **He alzado mi mano (señal de juramento) a Jehová Dios Altísimo,** *creador de los cielos y de la tierra, 14:23 que desde un hilo hasta una correa de calzado,* **nada tomaré de todo lo que es tuyo,** *para que no digas: Yo enriquecí a Abram;*

Luego, Dios se aseguraría de mantener esa separación entre la semilla de Abram y Sodoma, destruyendo para siempre la ciudad perversa, el mismo día en que anunció el nacimiento de Isaac (Génesis 18:14-33). Ya que el Hijo de la promesa no debía compartir la Tierra con la ciudad perversa.

Esta es la batalla del tercer día, en que lo seco fue reunido (Abram y sus siervos) y se alzó por sobre el mar (Los reyes), para que las semillas se multipliquen. Es después de esta batalla, cuando Dios vuelve a manifestar el juramento con Abram por tercera vez.

Note las palabras de Dios con Abram y el énfasis en la semilla que ocurre en esta conversación. El contexto de la batalla anterior, de los siervos fieles y del pacto por la semilla, es la clave de este momento.

*Génesis 15:1 **Después de estas cosas** vino la palabra de Jehová a Abram en visión, diciendo: No temas, Abram; yo soy tu* *escudo, y tu galardón será sobremanera grande.*

15:2 Y respondió Abram: Señor Jehová, ***¿qué me darás, siendo así que ando sin hijo, y el mayordomo de mi casa es ese damasceno Eliezer?***

*15:3 Dijo también Abram: Mira que **no me has dado prole,** y he aquí que será mi heredero un esclavo nacido en mi casa.*

*15:4 Luego vino a él palabra de Jehová, diciendo: No te heredará éste, **sino un hijo tuyo será el que te heredará.***

*15:5 Y lo llevó fuera, y le dijo: Mira ahora los cielos, y cuenta las estrellas, si las puedes contar. Y le dijo: Así será tu descendencia. 15:6 **Y creyó a Jehová, y le fue contado por justicia.***

Abram reconoce que, aunque tenía siervos fieles estos no eran hijos del todo. Este reclamo no había aparecido hasta ahora en el relato de Abram. Por alguna razón, ahora el patriarca siente una profunda necesidad de tener un hijo legítimo que se convierta en heredero.

A mi parecer, cuando Abram se encontró con Melquisedec, al comer el pan y el vino, comió y bebió la esencia del Hijo. Esto comenzó a despertar un clamor nuevo en él. Un clamor por un hijo heredero.

Luego, Dios le da instrucciones a Abram para profundizar el pacto, ya no solo serían promesas, ahora Dios mismo se presentaría, en forma de antorcha para juramentar.

Lo que vino a continuación es algo insólito, ya que el Dios eterno va a pactar con Abram casi como de igual a igual.

Abram debía encontrar animales de tres años, según el número del día en que la semilla fue manifestada en Génesis, y luego partirlo para formar un camino de sangre donde ocurriría el juramento.

Luego, Dios introduce a Abram en un profundo sueño, donde éste visita la terrorífica e inmensa eternidad (Génesis 15:12). Desde ese lugar, por un momento, Abram ve como Dios ve.

La visión es impactante, el Señor le explica a Abram lo que vendría.

*"Tu **simiente** será forastera en tierra ajena cuatrocientos años, y la esclavizarán y la maltratarán y la humillarán. Pero yo juzgaré a la nación a la cual servirán como esclavos, y después **de esto saldrán con riquezas**"*
(Génesis 15: 13-14 BTX)

El Señor le muestra desde lo eterno lo que ocurrirá con sus hijos, y con los hijos de sus hijos. Generación tras generación, Abram vio el árbol, el fruto (Isaac) y la semilla (Jacob y las tribus) según su género, moviéndose en medio del espacio/tiempo.

La orden de Dios dada sobre lo seco en el tercer día se cumpliría sobre Abram y su descendencia.

Este es el tercer día de Abram. Por la fe debe alzarse sobre el mar de este mundo, con sus olas rebeldes. Abram debe emerger y germinar como un árbol que da fruto y semilla para Dios.

¿Cómo es el tercer día para una iglesia que quiere multiplicar la eternidad en la dimensión de la Tierra?

Una congregación que se reúne en su nombre, debe hacerlo convocada por el silbido de Dios, no por la tradición de actividades, agendas u objetivos corporativos. La iglesia debe reunirse por sobre las ideas del *mar* de este mundo, y ser un territorio fértil para las semillas divinas.

En la reunión, Dios repartirá la Tierra por heredad, y nos empujará a ser sembrados en ella. Y tal vez, comiendo del pan y del vino, se despierte en nosotros un genuino clamor por una generación que herede todas las cosas.

12. Día Cuarto: Luminarias y Señales.

*Génesis 1:14 Dijo luego Dios: **Haya lumbreras en la expansión** de los cielos para separar el día de la noche; **y sirvan de señales** para las estaciones, para días y años,*
*1:15 y sean **por lumbreras en la expansión** de los cielos para alumbrar sobre la tierra. Y fue así.*
*1:16 E hizo Dios las dos grandes lumbreras; la lumbrera mayor para **que señorease en el día,** y la lumbrera menor para que señorease **en la noche**; hizo también las estrellas.*
1:17 Y las puso Dios en la expansión de los cielos para alumbrar sobre la tierra,
*1:18 **y para señorear en el día y en la noche, y para separar la luz de las tinieblas**. Y vio Dios que era bueno.*
1:19 Y fue la tarde y la mañana el día cuarto.

En el cuarto día Dios pone lumbreras (Maor) en La expansión. Este término *"expansión"* es en hebreo *"Raqia"* y se le denomina como una extensión espiritual que soporta las aguas espirituales de arriba.

El trono de Dios se presentó frente a Ezequiel por sobre esta *Raqia* (Ezequiel 1:26).

En el libro *Como Estrellas a Perpetuidad,* la hermana Ana Méndez nos muestra con detalles cómo está conformada la *Raqia* (expansión) dentro del *Shamayim* (Cielo de Dios). Nos explica cómo fue llenada de luminarias y cómo esto se relaciona con los cuerpos celestiales de los que hablan Pablo, Daniel y Enoc (2Corintios 5:2/ Daniel 12:3/ Enoc 63 del Libro de Las Parábolas).

Además, nos permite entender qué implica ser una luminaria de Dios que ahora mismo está en el cielo (Juan 3:12-13). Así que, recomiendo encarecidamente su lectura, para aquellos que desean entender este hermoso misterio. Sin duda les será de mucha bendición.

Mientras tanto, y usando ese conocimiento como base, quiero que podamos examinar otros elementos del cuarto día. Y me refiero al poder de las señales de Dios.

Primero, recordemos que Dios había creado la expansión (*Raqia*) en el segundo día, y con ella separó las aguas.

Las diferentes características que el Padre tomó de sí mismo y que está trayendo al espacio/tiempo como magnitudes, se van acumulando, superponiendo y fusionando unas con otras, hasta llegar al día séptimo, donde lo eterno y el espacio/tiempo son una sola cosa.

Ahora, en el cuarto día, el Padre toma de su esencia lumínica y crea diferentes luminarias, las que serán señales de tiempos y estaciones.

Ahora bien, en el texto original más antiguo se cambia la palabra *luminaria* (que es también lucero) por *maldiciones*.

Aquí es donde la Biblia Textual hace una traducción más arriesgada del Génesis al decir: *"Y dijo Elohim: Hayan **maldiciones** en la expansión de los cielos para dividir el día de la noche, y sean para señales…"* (Génesis 1:14 BTX) Y luego, siguiendo esta misma traducción más antigua dice *"Y Elohim Alef-Tav constriñó **dos grandes maldiciones**, en la lumbrera mayor, Alef-Tav para dominio del día, y en la lumbrera menor para dominio de la noche"* (Génesis 1:16)

Este cambio del texto no quita en ningún sentido el entendimiento que hoy tenemos sobre los cuerpos celestiales que Dios formó para sus hijos. Mas bien, nos asegura que así como los Hijos de Dios poseen estrellas, también los de las tinieblas buscan alzarse en la *Raqia*.

La diferencia radica en que los entendidos brillan a perpetuidad (Daniel 12:3), mientras que las estrellas rebeldes son echadas por tierra, como lo describe la visión del apóstol Juan.

*Apocalipsis 6:13 **y las estrellas del cielo cayeron sobre la tierra**, como la higuera deja caer sus higos **cuando es sacudida por un fuerte viento.***
6:14 Y el cielo se desvaneció como un pergamino que se enrolla; y todo monte y toda isla se removió de su lugar.

Esta visión de Juan es difícil de comprender si no agregamos el hecho de que en el pasado Dios puso una expansión y en ella *constriñó maldiciones*. Puso estrellas que no brillan para Dios. Como el Lucero rebelde que se oponía a toda obra benigna.

Lo relatado en el cuarto día de la creación es una clara alegoría al tiempo en que satanás gobernó sobre todos los mundos, los mismos que ofreció a Jesús en el desierto (Mateo 4:9).

Pero también alude al lugar que ocuparon los ángeles caídos en la *Raquia*, donde se posicionaron después de la rebelión.

Las estrellas arrastradas por el dragón (Apocalipsis 12:4), hicieron su guarida en una falsa expansión.

De este lugar habla el canto de Débora al decir:

Jueces 5:23 Maldecid a Meroz (guarida, lugar de extracción), dijo el ángel de Jehová; ***Maldecid severamente a sus moradores*** *(las luminarias), Porque no vinieron al socorro de Jehová, Al socorro de Jehová contra los fuertes.* (Jueces 5:23)

Meroz era un lugar de la expansión (Raqia) donde se escondían las luminarias que se resistían a apoyar a Israel en su batalla cósmica en días de Débora y Barac. El ángel de Jehová ordena que sean malditas.

En el cuarto día, Dios constriñe las maldiciones, las sujeta y las contiene para su postrer juicio, cuando Cristo los despojó de su posición, y exhibió su necedad públicamente, triunfando sobre ellos en la cruz (Colosenses 2:15).

Mientras, les permitió una zona de dominio en la noche (las tinieblas), hasta que Cristo trajo el amanecer de la resurrección, llenando los cielos y la expansión, y entronándose como la estrella de la mañana (Apocalipsis 22:16).

La lumbrera mayor es figura de Cristo, y domina sobre el día; sobre la Luz, donde hay determinaciones eternas y obediencia por la fe. La lumbrera mayor es llamada, en los escritos más antiguos, como "Alef-Tav". No cabe duda que es una referencia a Cristo, quien es alfa y omega, principio y fin (Apocalipsis 22:13).

Sin embargo, nos dice el texto antiguo que también en la lumbrera mayor se constriñó una maldición.

Esta maldición fue la que Cristo soportó por nosotros, la maldición que la ley dada a Moisés confirmó para todos aquellos que no podían vivir ni hacer obras de justicia. Sin esas obras todos éramos malditos, pero Cristo tomó esa maldición y la constriñó dentro de sí mismo. Como bien lo explica Pablo:

*Gálatas 3:12 **y la ley no es de fe**, sino que dice: El **que hiciere** estas cosas vivirá por ellas.*
*3:13 Cristo **nos redimió de la maldición** de la ley, hecho por nosotros maldición (porque está escrito: **Maldito todo el que es colgado en un madero**),*
*3:14 para que en Cristo Jesús **la bendición de Abraham alcanzase a los gentiles**, a fin de que **por la fe** recibiésemos la promesa del Espíritu.*

Y aquí precisamente, es donde el cuarto día puede ser comprendido en la vida de Abram, y puede ser aplicado a nuestras propias vidas.

Ser una luminaria implica muchas cosas, pero sobre todo conlleva vivir una vida enfocada en lo celestial, y por la fe, llamar las cosas que no son como si fuesen.

Aquello en lo que nos enfocamos determina qué luminaria somos, **y dependiendo de esa definición podemos ser señal para marcar tiempo y estaciones.** Así fue como le ocurrió también a Abram.

Si recordamos, Abram (que aún llevaba ese nombre) había vencido a los reyes y Dios le había prometido una semilla. De hecho, Abram pudo ver sus generaciones más allá del espacio/tiempo, porque entró en la eternidad de Dios por medio del pacto.

Sin embargo, después de diez años en Canaán (que era la tierra de expansión para Abram) Saraí intenta apresurar esta promesa. Al parecer, ella no estaba convencida de ser también parte fundamental de la promesa de Dios.

Saraí olvida la decisión de fe que tomó al acompañar a Abram lejos de sus parientes, olvida las promesas de Dios y se inclina hacia la noche. Decide darle a Abram por mujer a la esclava egipcia (de la noche).

En Agar no resplandeció la Luz del primer día de Abram, cuando tomó determinaciones eternas. Solo en Saraí.

Agar es figura del pacto del Sinaí, (Gálatas 4:24), que busca el favor de Dios por medio del orgullo de las obras. Agar se embaraza de Abram fuera del vínculo verdadero, y en la rebelión y altivez de su corazón, comienza a menospreciar a Saraí, dando por hecho que su embarazo le otorgaba una posición superior.

La convivencia se hace insoportable entre Saraí y Agar, hasta que la egipcia huye. El ángel de Jehová la detiene, le ordena devolverse y sujetarse, y le habla sobre el futuro e identidad de Ismael.

*Génesis 16:12 Y él será hombre fiero; **su mano será contra todos, y la mano de todos contra él**, y **delante** de todos sus hermanos habitará.*

La característica de Ismael sería su carácter agresivo, imposibilitado de habitar en paz. Ismael poseerá dominio, pero en el ámbito de la Noche.

En el hijo de Agar se representa la lumbrera rebelde, Ismael es una señal. Podríamos conectarlo con la cosmovisión religiosa árabe (descendientes de Ismael) y el símbolo lunar (lumbrera menor) del Islam. O como Pablo, representar en Ismael a todos aquellos que por su religión persiguen a los hijos legítimos de la fe.

Ismael sería incluso la señal de los judíos apostatas, los que nacen de la carne, como fue concebido Ismael. En contraste con Isaac que fue concebido en fe, como los nacidos del Espíritu (Gálatas 4:21-31).

Cuando Ismael cumple trece años (número de rebelión), Dios manifiesta su juramento por cuarta vez a Abram. Pero ahora, el énfasis está en poner una señal sobre Isaac.

Génesis 17:10 Este es mi pacto, que guardaréis entre mí y vosotros y tu descendencia después de ti: Será circuncidado todo varón de entre vosotros. 17:11 Circuncidaréis, pues, la carne de

*vuestro prepucio, **y será por señal del pacto
entre mí y vosotros**.
17:12 **Y de edad de ocho días** será
circuncidado todo varón entre vosotros por
vuestras generaciones; el nacido en casa, y
el comprado por dinero a cualquier
extranjero, que no fuere de tu linaje.*

Es notorio que Dios estaba dando
instrucciones e impartiendo luz para el
nacimiento de Isaac, para que este fuera señal
y luminaria del día, que fuera una luz bajo
juramento.

Es en esta intervención donde Dios también
cambia de nombre a Abram y Saraí, para que
fueran llamado Abraham (padre de una
multitud) y Sara (princesa/principal). Estos
nombres concordaban con la posición
elevada que manifestarían en el *Raqia* de
Dios.

Abraham recibe en su espíritu el poder para
vencer la infertilidad, y se ríe (Isaac). Aunque
comprende que la señal de la circuncisión no
estaba siendo dada para Ismael.

*Génesis 17:18 Y dijo Abraham a Dios:
Ojalá Ismael viva delante de ti.*

*17:19 Respondió Dios: Ciertamente **Sara tu mujer te dará a luz un hijo, y llamarás su nombre Isaac; y confirmaré mi pacto con él** como pacto perpetuo para sus descendientes después de él.*

17:20 Y en cuanto a Ismael, también te he oído; he aquí que le bendeciré, y le haré fructificar y multiplicar mucho en gran manera; doce príncipes engendrará, y haré de él una gran nación.

*17:21 **Mas yo estableceré mi pacto con Isaac,** el que Sara te dará a luz por este tiempo el año que viene.*

El heredero vendría por medio de Sara, ella había sido quien experimentó las determinaciones del día primero, ella salió de Harán a peregrinar junto con su esposo.

Fue Sara quien esperó a su esposo al volver de la batalla del tercer día. El heredero tenía que ser hijo de ella, la que era conocida por su infertilidad, para vencer así la infertilidad de la tierra y la maldición de los espinos y cardos.

En el nacimiento de Isaac se manifestaría la victoria sobre las maldiciones de la caída. Primero sobre la infertilidad, y luego sobre el dolor del nacimiento.

Recordemos que Dios le dijo a la mujer en el huerto de Edén, que *"con dolor darás a luz a tus hijos* (Génesis 3:16)", pero a Sara Dios le dio un hijo que se llamaría *Risa*.

Y Sara llegó a decir *"Elohim me ha hecho reír. Todo el que lo oiga reirá conmigo"* (Génesis 21:6) ¿No esto una obra redentora maravillosa?

El pacto sería dado a un hijo de la libre, un hijo lleno de gozo, como se dice de Cristo quien es superior a los ángeles o luminarias: *"Por lo cual te ungió Dios... con óleo de alegría más que a tus compañeros"* (Hebreos 1:9). El pacto sería manifestado en un hijo que nacería para dominar en el Día.

Isaac era figura de las luminarias del día, mientras que Ismael era señal del que domina en la noche, el que domina movido por la rebelión. Por eso el escritor recalca:

*Génesis 17:25 E Ismael su hijo **era de trece años**, cuando fue circuncidada (señalada) la carne de su prepucio.*

Abraham se apresuró a circuncidar a Ismael, pero no podría retroceder los años y hacerlo conforme al diseño, es decir al octavo día.

Ismael ya tenía trece años, y la señal en el año decimotercero solo podía dar cuenta de una marca en la carne, y no una circuncisión del corazón.

Pablo luego reúne estas características de Agar e Ismael para referirse a los que confían en sus obras y no en las obras de Dios que se reciben por fe (Gálatas 4:21-31). Los que solo poseen una marca en la carne, pero no en el corazón.

La señal en Abraham e Isaac no tenía que ver
con un premio por ejecutar obras de justicia
propia, era más bien la consecuencia de su
caminar enfocado en las cosas celestiales.

Este enfoque hizo resplandecer a Abraham, y
haría lo mismo ahora con Isaac.

Romanos 4:11 **Y recibió la circuncisión
como señal,** *como sello* **de la justicia de la
fe** *que tuvo estando aún incircunciso; para
que fuese* **padre de todos los creyentes no
circuncidados,** *a fin de que también a ellos*
la fe les sea contada por justicia;
*4:12 y padre de la circuncisión, para los
que no solamente son de la circuncisión,*
**sino que también siguen las pisadas de la
fe** *que tuvo nuestro padre Abraham antes de
ser circuncidado.*
*4:13 Porque no por la ley fue dada a
Abraham o a su descendencia la promesa de
que sería heredero del mundo,* **sino por la
justicia de la fe.**

Así que, las verdaderas luminarias de la *Raqia* de Dios, poseen la circuncisión en el interior del corazón, en espíritu (Romanos 2:29). Y guardan los mandamientos de Cristo en amor, al mantener, por la fe, el foco en las cosas celestiales.

Esto nos convierte en estrellas en su mano, luminarias que están a la diestra de Cristo, la lumbrera mayor (Apocalipsis 1:16).

Brillar en su diestra nos transforma en una señal de fe, para marcar tiempos y estaciones para la Tierra. Como señal, podemos ser testigos y un testimonio vivo de la fidelidad de Dios para con los hombres y la creación.

Los que logran resplandecer manifiestan la Señal del Espíritu Santo sobre la Tierra, la señal de hablar en lenguas a los vientos, la señal de echar fuera demonios y sanar enfermos en medio de la creación.

Ellos manifiestan, en la dimensión de la Tierra, las señales del dominio de la Luz y del día.

Manifestamos señales, como el arco de colores de Noé. Ahora, nosotros podemos hacer brillar los territorios con ese arco y decirle a la creación que Dios ha hecho paz con ella.

Somos la señal de la sangre del cordero que hace que la muerte no toque las moradas, somos los que ponen humo sobre los lugares enjuiciados (Jeremías 6:1), los que conocen la verdadera señal de Jonás (Mateo 12:38-39), y las diferentes señales que siguen a los que caminan por fe (Hechos 4:30/ Hechos 5:12/ Hechos 14:3/ Hebreos 2:4).

Por eso dijo el Señor por medio del profeta Isaías.

*Isaías 8:18 He aquí, yo y los hijos que me dio Jehová **somos por señales y presagios*** *en Israel, de parte de Jehová **de los ejércitos** (luminarias), que mora en el monte de Sion.*

Somos esos hijos que son señal y presagio a toda criatura. Y la mayor de estas señales, para marcar el tiempo y las estaciones de todas las criaturas, se nos fue entregada por Cristo en la resurrección.

La señal del verdadero reposo (Lucas 6:5/ Hebreos 4) en Cristo es cuando el juramento (siete) está completo, y el espacio/tiempo se ha fusionado a lo eterno.

Esta es la señal que ahora la tierra espera ver de los Hijos de Dios, porque esta señal manifiesta que la creación ha salido de la vanidad a la que fue sujetada y puede experimentar la libertad de los Hijos.

Si solo eres dominado por el espacio/tiempo, entonces aún permaneces en la vanidad. Pero si ese espacio/tiempo en ti se fusionó a lo eterno, entonces estás en el reposo, en el jardín del Edén, donde toda la esencia de Dios está presente en tu Espíritu, y la Tierra experimenta las magnitudes de su presencia.

La Expansión (Raqia) fue puesta para determinar tiempos por medio de señales, y ahora esa expansión está llena de hijos de Dios que caminan como seres celestiales. ¿Estás listo para darle a toda criatura una de estas señales?

De esto se trata lo que busco compartirles, que podamos ver en la iglesia la enorme posibilidad y autoridad que tenemos para manifestar la Tierra eterna.

13. Día Quinto: La Comunidad de los vivientes.

*Génesis 1:20 Dijo Dios: **Produzcan las aguas seres vivientes,** y aves que vuelen sobre la tierra, en la abierta expansión de los cielos.*
1:21 Y creó Dios los grandes monstruos marinos, y todo ser viviente que se mueve, que las aguas produjeron según su género, y toda ave alada según su especie. Y vio Dios que era bueno.
*1:22 Y Dios los bendijo, diciendo: Fructificad y multiplicaos, y **llenad las aguas en los mares, y multiplíquense las aves en la tierra.***
1:23 Y fue la tarde y la mañana el día quinto.

En el día quinto comienza algo que, a mi parecer, es maravilloso para aquellos que estamos experimentando la hermandad con la iglesia y con la Tierra. Esto es la comunidad de los vivientes.

Dios toma de su misma esencia el *ehad* (la unidad compuesta) y la introduce en el espacio/tiempo como una magnitud. **La magnitud de la comunidad.**

Emerge entonces la comunidad, cuando Dios ordena a las aguas producir seres vivientes.

Estos seres vivientes, que en el día quinto emergen de las aguas, portarán una conciencia según su especie, y tendrán la necesidad de buscar su lugar y desarrollarse entre sus semejantes.

Desde el día quinto, los cardúmenes, las bandadas, y las manadas se moverán en una conciencia colectiva y serán parte del escenario de la dimensión de la Tierra.

Por esta magnitud del *Ehad* (de la unidad compuesta), nosotros viviremos en familia, crearemos granjas, produciremos comunidad, mientras que los otros vivientes harán algo similar entre los suyos.

Por esta esencia que sale de Elohim, se produce la comunidad, y en la iglesia se desarrolla la hermandad y el presbiterio.

Los vivientes tienen la capacidad de desarrollar la magnitud de la comunidad, porque fueron dotados de conciencia. Los peces y las aves, y luego las bestias. Todas fueron dotadas de una conciencia según su especie, esto los hace seres vivientes.

Adán era un "alma viviente", porque su alma tenía conciencia, y por lo tanto una voluntad para agruparse.

El concepto de *viviente* es usado para todos aquellos seres de la creación que poseen conciencia, y que por esto mismo, pueden desarrollarse y moverse en grupos de seres semejantes.

En las visiones de Daniel y luego en la experiencia de Juan, se describen los *seres vivientes*. Miremos un poco cómo estos seres espirituales representan la magnitud de la comunidad y la dimensión de la Tierra.

*Ezequiel 1:5 y en medio de ella la figura de **cuatro seres vivientes**...*

*Ezequiel 1:10 Y el aspecto de sus caras era cara **de hombre**, y cara de **león** al lado derecho de los cuatro, y **cara de buey** a la izquierda en los cuatro; asimismo había en los cuatro **cara de águila.***
*1:11 Así eran sus caras. Y tenían **sus alas** extendidas por encima, cada uno dos, las cuales se juntaban; y las otras dos cubrían sus cuerpos.*

El profeta los describe como seres que reúnen las características de todos los vivientes de la Tierra. Poseen rostro de mamíferos, aves y bestias del campo, e incluso tenían un rostro de hombre y diferentes alas. Estos seres espirituales están por debajo de la Raqia (expansión), y por lo tanto **no son parte de las luminarias, sino que de la Dimensión de la Tierra.**

Muchas veces se ha dicho que estos seres vivientes son simplemente ángeles, pero eso es simplificar lo que realmente son. En verdad, ellos nos están mostrando que la dimensión de la Tierra fue creada en eternidad.

Aquí tenemos un misterio que se revela, ya que estos seres vivientes caminan con las ruedas de la creación. Pero estas ruedas no pueden moverse por la voluntad de uno de ellos, sino que van hacia donde la comunidad de vivientes se mueve.

*Ezequiel 1:20 Hacia donde el espíritu les movía que anduviesen, andaban; hacia donde les movía el espíritu que anduviesen, las ruedas también se levantaban **tras ellos;** porque **el espíritu de los seres vivientes estaba en las ruedas.***
*1:21 Cuando ellos andaban, andaban ellas, y cuando **ellos** se paraban, **se paraban ellas;** asimismo cuando se levantaban de la tierra, las ruedas se levantaban tras ellos; **porque***

el espíritu de los seres vivientes estaba en las ruedas.

Como vemos, continuamente Ezequiel nos recalca que donde *Ellos* se movían, entonces *Ellas* se movían. Es un desplazamiento en comunidad.

Las ruedas de la creación no funcionan por la voluntad de una sola persona, un solo ángel o un solo ser viviente, o porque un hombre súper ungido desee controlarlas.

Las ruedas de la creación responden a la magnitud de la comunidad. Mientras más comunidad desarrollemos en nuestro espíritu, juntos, entonces las ruedas de la creación también se moverán con nosotros.

Estas ruedas son espirituales y contienen el conocimiento de Dios (por eso su infinidad de ojos), pero se activan al movimiento de la comunidad de los vivientes, ya que el *espíritu de los seres vivientes estaba en las ruedas* (Ezequiel 1:21).

Las ruedas son un diseño en toda la creación visible e invisible. Su movimiento nos habla de desplazamiento, dinamismo y vida. Hay ruedas de fuego alrededor del trono (Daniel 7:9-10) y aún nuestro espíritu está rodeado por ruedas espirituales.

Pero en esta ocasión, el profeta está viendo en el espíritu la representación de la dimensión de la Tierra.

Notemos otra cosa importante que describe Ezequiel en esta visión.

*Ezequiel 1:22 Y **sobre las cabezas** de los seres vivientes aparecía **una expansión a manera de cristal maravilloso**, extendido encima **sobre sus cabezas**.*
*1:23 Y **debajo de la expansión** (Raqia) las alas de ellos estaban derechas, extendiéndose la una hacia la otra; y cada uno tenía dos alas que cubrían su cuerpo.*

Como podemos ver en esta ocasión, la dimensión de la Tierra está bajo la expansión (*Raqia*).

El lugar de las luminarias del cuarto día estaba sobre la dimensión de la Tierra. Ya que, Cristo aún no venía para hacer ascender el espacio/tiempo y establecer una tierra nueva en Él. Recuperar la Tierra Eterna en Cristo aún no era posible.

Sin embargo, para el apóstol Juan, en las visiones de Apocalipsis, los seres vivientes, que son la dimensión de la Tierra, están rodeando el trono por sobre la expansión (Raqia) al que Juan llama *"mar de vidrio"*.

El apóstol Juan ve el trono de Dios, y en este está incluida la Tierra nueva (Apocalipsis 4), donde la creación ha entrado en el completo reposo de Dios y el espacio/tiempo está fusionado con lo eterno.

El panorama que ve Juan es el que debemos nosotros mirar, porque aquí encontramos el séptimo día. Donde el juramento va a ser desenrollado.

*Apocalipsis 4:3 Y el aspecto del que estaba sentado era semejante a piedra de jaspe y de cornalina; y **había alrededor del trono un arco iris**, semejante en aspecto a la esmeralda.*

Como podemos ver, la presencia del arco iris que Dios entregó por señal a Noah y a la creación (Génesis 9:13), es la primera demostración de que Dios ha incluido a todas las criaturas a su corte celestial. El pacto con la creación ahora rodea el mismo trono de Dios.

La creación ya no está *bajo* la Raqia, ni bajo su trono, **ahora lo rodean y son parte de la comunidad que presencia y juzga con Dios todas las cosas**.

Esto, porque Dios quitó de su autoridad y posición a la primera corte angelical y a la falsa Raqia de angeles rebeldes, y estableció una corte nueva donde incluyó a la iglesia y la nueva creación. Por eso dice el escritor de Hebreos:

*Hebreos 2:5 Porque **no** sujetó a los ángeles el mundo venidero, acerca del cual estamos hablando;*

A continuación de esto, el apóstol Juan nos describe al presbiterio de la iglesia.

*Apocalipsis 4:4 Y alrededor del trono había veinticuatro tronos; y **vi sentados en los tronos a veinticuatro ancianos,** vestidos de ropas blancas, con coronas de oro en sus cabezas.*
*4:5 Y del trono salían relámpagos y truenos y voces; y delante del trono **ardían siete lámparas de fuego, las cuales son los siete espíritus de Dios**.*

Este presbiterio de veinticuatro ancianos es simbólico. Así como los seres vivientes representan la dimensión de la tierra, estos ancianos están representando a la iglesia que reina con Cristo (en tronos) y que lleva su corona.

Ellos son la iglesia que tiene lámparas encendidas, no como las insensatas que apresuradas por ser reconocidas olvidaron el Espíritu (Mateo 25:3).

Los ancianos están junto a las lámparas encendidas. Ellos conocen la advertencia del ángel dada al profeta Zacarías, cuando presencia las lámparas cuyos dos olivos (los testigos) no cesaban de dar aceite para los siete fuegos.

*Zacarias 4:5 Y el ángel que hablaba conmigo respondió y me dijo: **¿No sabes qué es esto?** Y dije: No, señor mío. 4:6 Entonces respondió y me habló diciendo: Esta es palabra de Jehová a Zorobabel, que dice: No con ejército, ni con fuerza, **sino con mi Espíritu,** ha dicho Jehová de los ejércitos.*

La iglesia, representada en estos veinticuatro ancianos, opera en esa realidad descrita a Zacarías. No opera con ejército, o fuerza humana de este mundo, sino con su Espíritu.

Sobre esta característica de la iglesia y del presbiterio, hemos hecho una escuela online llamada *iglesia en casa* y otra siguiente llamada *presbiterios*, para compartir con la hermandad la necesidad de vivir y experimentar esa iglesia gobernante y que podamos tener ancianos, en las naciones y ciudades, que vivan en esta realidad.

Pero aquí, quiero enfatizar la inclusión de la Tierra en la corte de Dios.

Es muy relevante para nosotros lo que Juan esta mostrando en su revelación. Cómo estos ancianos actúan en comunidad delante del trono y en conjunto con la dimensión de la Tierra nueva (Apocalipsis 5:8/ 5:11/19:4).

El apóstol Juan nos describe la corte de Dios; una congregación, un *Ehad* en donde la iglesia gobernante, los millares de ángeles y la dimensión de la tierra están incluidos.

*Apocalipsis 4:6 Y **delante del trono había como un mar de vidrio semejante al cristal;** y junto al trono, y alrededor del trono, **cuatro seres vivientes llenos de ojos delante y detrás**.*
4:7 El primer ser viviente era semejante a un león; el segundo era semejante a un becerro; el tercero tenía rostro como de hombre; y el cuarto era semejante a un águila volando.
*4:8 Y los cuatro seres vivientes tenían cada uno seis alas, **y alrededor y por dentro estaban llenos de ojos**; y no cesaban día y noche de decir: Santo, santo, santo es el Señor Dios Todopoderoso, el que era, el que es, y el que ha de venir.*

Por eso, vemos que estos seres vivientes que describe Juan son distintos a los de Ezequiel. Porque la Tierra es nueva en Cristo, y esto implica que ahora ellos están alrededor del trono y no debajo.

Pero también implica, que el Conocimiento de la gloria de Dios (los ojos) **está en ellos** y no solo en las ruedas de la creación. Se ha cumplido la promesa de que toda la Tierra **será llena del conocimiento de la gloria del Señor**. Algo que solo el Mesías prometido, el Santo de los santos, ejecutaría.

Isaías lo había visto de antemano, y con detalles profetizó lo que Juan está viendo.

Isaías 11:5 Y será la justicia cinto de sus lomos, y la fidelidad ceñidor de su cintura.
*11:6 **Morará el lobo con el cordero, y el leopardo con el cabrito se acostará; el becerro y el león y la bestia doméstica andarán juntos, y un niño los pastoreará.***
11:7 La vaca y la osa pacerán, sus crías se echarán juntas; y el león como el buey comerá paja.
11:8 Y el niño de pecho jugará sobre la cueva del áspid, y el recién destetado extenderá su mano sobre la caverna de la

víbora.

11:9 No harán mal ni dañarán en todo mi santo monte; **porque la tierra será llena del conocimiento de Jehová (los ojos), como las aguas (de arriba) cubren el mar.**

La creación que vemos hoy ya fue liberada por Cristo, pero la iglesia no ha incluido esto en su conciencia, ya que su mirada ha estado centrada en gobernar el mundo y sus sistemas.

Y lo que es peor, algunos cristianos solo esperan que la Tierra sea destruida por algún meteorito o una última guerra nuclear.

Y por eso, y a la luz de las promesas cumplidas de Cristo, el mensaje evangélico de destrucción del planeta me parece en completa oposición al propósito divino.

Sin embargo, la creación ya está llena del conocimiento de Dios desde el día en que Cristo derramó su sangre *en la tierra* del huerto de Getsemaní (Lucas 22:44), limpiándola para que recibiera el Espíritu en pentecostés.

En el tabernáculo, la sangre del cordero era vertida sobre el propiciatorio del arca del pacto, un elemento considerado santísimo.

¿Cuál fue el propiciatorio santísimo de Cristo? La Tierra del huerto y el madero del monte que recibieron del Señor la sangre para expiación. Con esto, Cristo perfeccionó la Tierra, la sacó de su vanidad para poder fusionarse con lo eterno nuevamente.

Por consecuencia, la adoración conjunta de la iglesia y la Tierra nueva sale al unísono y en comunidad. Y Juan lo ve y lo experimenta.

Apocalipsis 4:9 **Y siempre que aquellos seres vivientes** *dan gloria y honra y acción de gracias al que está sentado en el trono, al que vive por los siglos de los siglos,*
4:10 **los veinticuatro ancianos se postran delante del que está sentado en el trono,** *y adoran al que vive por los siglos de los siglos, y echan sus coronas delante del trono, diciendo:*
4:11 Señor, digno eres de recibir la gloria y la honra y el poder; **porque tú creaste todas las cosas, y por tu voluntad existen y fueron creadas.**

La creación y la iglesia adoran juntas frente al trono. Y aunque sabemos que la creación desea siempre adorar, aquí vemos que esta medida de adoración es más profunda, ya que en medio de ella el Cordero toma el rollo de los siete sellos (el juramento) para desatar los castigos por el incumplimiento del pacto del Sinaí (Apocalipsis 5).

La participación de la creación alrededor del trono y en los juicios de Dios seguirá siendo constante en la visión del apóstol Juan. Porque son una parte esencial del soberano gobierno de Cristo.

Los seres vivientes y la creación serán agentes activos de los siguientes acontecimientos, y en la apertura de los sellos.

Esta es la tierra nueva que los predicadores del desastre y la destrucción nunca han visto. Ellos desean que la tierra sea destruida, desean que la creación misma de Dios sea devastada para poder justificar sus teologías del escape.

Nunca han creído en el canto de David cuando dijo por el Espíritu: *"El fundó la tierra sobre sus cimientos; No será jamás removida" (Salmos 104:5).*

Por su enorme altivez, prefieren insistir en sus ideas antes que reconocer la grandeza de la obra de Cristo. ¿No es mejor deponer nuestros paradigmas y contemplar la obra perfecta del Señor?

Dios reunió a sus vivientes que le adoran, toda la Tierra ha sido llamada para que vean el juicio que está soltando junto con su iglesia. Como el salmista lo había profetizado, Juan ve el cumplimiento de esas palabras.

*Salmos 50:4 Convocará **a los cielos de arriba, Y a la tierra, para juzgar** a su pueblo.*
50:5 Juntadme mis santos, los que hicieron conmigo pacto con sacrificio.
50:6 Y los cielos declararán su justicia, Porque Dios es el juez. Selah

Toda la nueva creación, la Tierra Eterna, es gobernada por el Hijo quien la sustenta. Cada criatura recuperará su propósito original y en ella se revelará aquello que Dios pensó para sus vivientes.

Ahora bien, en nuestra comparación entre los eventos de los días de la creación y la vida de Abraham (ahora con un nombre nuevo); la siguiente vez que Dios le recuerda su juramento es en su encuentro personal con él. Aquí Dios no se manifestará solo, sino en comunidad.

Este sería el quinto día para Abraham, cuando experimenta el *Ehad* de Dios, el poder de la comunidad.

El mismo poder que hemos estado viendo, que opera en los vivientes, en las ruedas de la creación y en la nueva corte que el apóstol Juan presenció.

*Génesis 18:1 Después le apareció Jehová en el encinar de Mamre, estando él sentado a la puerta de su tienda en el calor del día. 18:2 Y alzó sus ojos y miró, **y he aquí tres varones que estaban junto a él**; y cuando los vio, salió corriendo de la puerta de su tienda a recibirlos, y se postró en tierra,*

Dios se pudo presentar solo, así como el ángel de Jehová que se apareció a Josué o a los padres de Sansón (Jueces 13:17-18), o por medio de una figura, en una antorcha, una zarza, etc.

Pero esta vez, lo hace junto a dos ángeles; los que más tarde ejecutarían el juicio a Sodoma.

La presencia de Dios con dos de sus ángeles de juicio, es para conformar un presbiterio, una comunidad, un *nosotros* de dos o tres reunidos en su presencia.

El poder de la comunidad es ser una unidad compuesta por muchos. En esta unidad es que el Padre envía su bendición, cuando habitamos dentro de Él en armonía (Salmos 133). Esta unidad tiene la facultad de testificar contra la impiedad, ya que puede presentar testigos y testimonio (Deuteronomio 19:15/ Mateo 18:16).

En esa unidad se manifiesta una activa presencia del Señor (Mateo 18:20). Entonces, la comunidad tiene facultad para activar la voz de Dios y ejecutar sus juicios.

En este momento de la vida de Abraham, el hombre de fe ya está vinculado profundamente con su Señor. Entonces Dios lo integra a su presbiterio, a su comunidad, y le concede conocer sus planes.

*Génesis 18:17 Y Jehová dijo: **¿Encubriré yo a Abraham lo que voy a hacer,** 18:18 habiendo de ser Abraham una nación grande y fuerte, y habiendo de ser benditas en él todas las naciones de la tierra? 18:19 Porque yo sé que mandará a sus hijos y a su casa después de sí, **que guarden el camino de Jehová,** haciendo justicia y juicio, para que haga venir Jehová sobre Abraham lo que ha hablado acerca de él.*

Como vemos, El Señor decide no encubrir a Abraham los juicios que venían. El vínculo de fe de Abraham, la confianza y la lealtad ya estaban asentados en el patriarca. Dios lo visitó para reforzar su juramento, activando el vientre de Sara. Ahora, Abraham debía conocer los detalles que antes le eran ocultos.

Lo que viene a continuación en el relato, y que al mirar la vida de Abraham podemos apreciar, es lo que debemos entender respecto a cómo Dios ve la comunidad del pacto.
La *comunidad* es la magnitud que fue soltada el quinto día de la creación.

Génesis 18:20 Entonces Jehová le dijo: Por cuanto el clamor contra Sodoma y Gomorra se aumenta más y más, y el pecado de ellos se ha agravado en extremo,
18:21 ***descenderé ahora, y veré si han consumado*** *su obra según el clamor que ha venido hasta mí; y si no, lo sabré.*
18:22 ***Y se apartaron de allí los varones, y fueron hacia Sodoma;*** *pero Abraham estaba aún delante de Jehová.*
18:23 ***Y se acercó*** *Abraham y dijo: ¿Destruirás también al justo con el impío?*

Dios dice que *Él mismo* verificará el pecado de Sodoma en persona, al decir *"descenderé"*. Sin embargo, son sus ángeles los que van a la ciudad.

Este detalle ha hecho pensar a muchos que había sido la trinidad la que se presentó en la tienda de Abraham. ¿Por qué Dios dice *descenderé*, para luego enviar a otros?

Pero lo que desconocen es que, en la comunidad, y al ser una unidad compuesta por muchos (un *ehad*), cuando Dios dice *descenderé*, se está refiriendo a que la comunidad lleva su misma presencia.

Si alguien que es parte de aquella comunidad se mueve, **la completa autoridad y presencia de la comunidad le acompaña.**

Cuando Saulo perseguía a la comunidad de la iglesia, y los arrastraba de las mismas casas (donde se reunían) hasta la cárcel (Hechos 8:39). Jesús se apareció y le preguntó *¿Por qué me persigues?* (Hechos 9:4).

Para Dios, perseguir a la comunidad de la iglesia era perseguir toda la presencia y autoridad de esa unidad. Y esa presencia era la de Cristo mismo.

Por esto, la comunidad es una unidad que puede abarcar mucho territorio, y tiene una autoridad que las tinieblas no pueden contrarrestar.

El problema es que muchos han dividido esa unidad en miles de denominaciones con nombres y marcas ministeriales, cada uno con su agenda. Al final, lo que tenemos es un cuerpo mutilado por todas partes.

Aun así, aquellos que buscan vivir esa comunidad podrán devolverle a la creación este poder. Para eso es necesario, como mínimo, deponer nombres y marcas.

Las manadas, las bandadas y cardúmenes de la creación esperan una iglesia que sepa lo que es habitar cohesionados y siendo muchos. Mientras ese poder no sea experimentado por la iglesia, no tenemos forma de manifestar a los seres vivientes un estado original de reposo en Dios.

Pero si lo experimentamos, entonces esto cambiará toda la forma que tenemos hoy de hacer iglesia.

Porque la magnitud de la comunidad en nosotros, nos permite acercarnos a Dios de formas diferentes. Como se cuenta en Génesis de Abraham.

*Génesis 18:22 Y se apartaron de allí los varones, y fueron hacia Sodoma; **pero Abraham estaba aún delante de Jehová**. 18:23 **Y se acercó Abraham y dijo:** ¿Destruirás también al justo con el impío?*

Abraham estaba siendo parte del presbiterio, estaba delante del Señor y ahora podía *acercarse* más. En esta nueva y personal cercanía con Dios, Abraham comienza a palpitar al ritmo del corazón justo y misericordioso de nuestro Señor.

Es claro que Dios esperaba esta intervención de Abraham, le había incluido en la comunidad, y le había contado lo de Sodoma. Todo con el fin de que Abraham fuera parte e intercediera por los justos.

La experiencia tiene como fin transformar el corazón de Abraham, prepararlo para que en un futuro sea capaz de despojarse y entregar a Isaac.

Abraham, dentro de la comunidad, estaba absorbiendo el corazón intercesor de Dios; quien se inmoló por nosotros antes de la fundación del mundo.

Esto es solo posible dentro de la comunidad. En ella, las ruedas de la creación se mueven llenas del conocimiento de Dios, los vivientes son parte de los juicios del trono y podemos absorber parte de la personalidad del Padre.

En la comunidad, los carbones apagados se encienden con el fuego de toda la hermandad, y los que están encendidos se mantienen en poder por la acción conjunta de la unidad.

El día quinto es el día que esto se manifiesta, y es parte fundamental de la manifestación de la Tierra Eterna.

Una iglesia que tiene como objetivo principal exaltar y defender sus nombres ministeriales, marcas y denominaciones; ¿podrá experimentar esa magnitud de la Tierra Nueva?.

14. Día Sexto: La Imagen de Dios.

*1:26 Entonces dijo Dios: Hagamos al hombre a nuestra imagen, conforme a nuestra semejanza; **y señoree** en los peces del mar, en las aves de los cielos, en las bestias, en toda la tierra, y en todo animal que se arrastra sobre la tierra.*
*1:27 Y creó Dios al hombre a su imagen, a imagen de Dios lo creó; **varón y hembra los creó.***
*1:28 Y los bendijo Dios, y les dijo: **Fructificad y multiplicaos; llenad la tierra, y sojuzgadla, y señoread** en los peces del mar, en las aves de los cielos, y en todas las bestias que se mueven sobre la tierra.*
1:29 Y dijo Dios: He aquí que os he dado toda planta que da semilla, que está sobre toda la tierra, y todo árbol en que hay fruto y que da semilla; os serán para comer.
1:30 Y a toda bestia de la tierra, y a todas las aves de los cielos, y a todo lo que se arrastra sobre la tierra, en que hay vida, toda planta verde les será para comer. Y fue así.

1:31 Y vio Dios todo lo que había hecho, y he aquí que era bueno en gran manera. Y fue la tarde y la mañana el día sexto.

En el principio Dios no mostró apariencia física alguna, Él siendo Espíritu tomó de su esencia y la introdujo en el mundo material como diferentes magnitudes que, hasta ahora hemos estado viendo.

Cada día diferentes magnitudes fueron quedando en esta dimensión material.

La Luz primera fue tomando forma en las aguas; fue expansión y emergió en lo seco, como roca y tierra húmeda; fue hierba y semillas; fue luminarias; fue vida y comunidad. Todo provino de Él, del primogénito de la Creación.

*Colosenses 1:17 Y él es antes de todas las cosas, y todas las cosas **en él subsisten**;*
*1:18 y él es la cabeza del cuerpo que es la iglesia, **él que es el principio, el primogénito de entre los muertos,** para que en todo tenga la preeminencia;*
*1:19 por cuanto **agradó al Padre que en él habitase toda plenitud**,*

Esas magnitudes siguen en medio nuestro en el espacio/tiempo. Y Cristo ha recuperado la esencia verdadera de todas ellas. Recuperó su eternidad, la que había quedado lejana cuando el hombre cayó.

Pero como iglesia, nos toca a nosotros introducir a la creación en el reposo y en la libertad gloriosa de Jesucristo. Para esto, debemos partir nosotros por reconocer esa obra completa.

Son los Hijos, los gobernantes del espacio/tiempo, los que debemos comenzar a admitir la obra terminada de Cristo y recuperar primero la imagen de Dios en nosotros.

Esta imagen son *las formas de la Luz*.
Esto no tiene la figura de nada externo, ni puede compararse a nada que esté a la vista. Nada del espacio/tiempo tiene la imagen de Dios, ya que Él es Luz.

En el libro *La Generación de Resurrección*, el hermano Emerson Ferrell explica qué es la imagen de Dios, y cómo la Luz del Padre no tiene comparación. Ni siquiera puede compararse a la luz física que vemos día a día. Esta última llega desde el Sol a nosotros de manera desfasada, luego de un rápido pero enorme viaje por el universo.

Me parece que, poder entender aquello es de vital importancia cuando queremos recuperar la imagen verdadera de Dios en nosotros.

Y ahora, para el objetivo de este libro, quiero partir de una de las tantas verdades que Emerson Ferrell nos explica cuando dice que, "Al ser la Luz de Dios algo sin sombra, es claro que su Luz es tanto sustancia como forma".

Esta Luz espiritual que es sustancia y forma, es al mismo tiempo Vida, como bien lo describe Juan. Al decir *"y la vida era la luz de los hombres"* (Juan 1:4).

Entonces, fuimos creados dentro de la sustancia y la forma de Dios mismo, que es Vida y Luz. Y además, fuimos configurados dentro de la unidad de Dios, y por esto somos seres diseñados para el *ehad*.

Como hemos visto anteriormente, Dios manifestó la Luz primera como una unidad compuesta por muchos, por consecuencia luego vino una constante explosión de diferentes formas de vida.

Ahora, en el día sexto, el Señor continúa creando seres vivientes, los que viven en la magnitud de la comunidad. Y luego dice acerca de la humanidad *"hagamos a nuestra imagen"*, ya que la imagen que han de crear, es también una unidad compuesta (varón y mujer) que viene de otra unidad compuesta (Padre, Hijo y Espíritu). Un *ehad de luz* que proviene de otro *ehad de luz.*

Con esto en mente, sabemos que la Vida y Luz son de Dios. Dios produjo una vida e imagen compuesta por dos. Por eso dice *"varón y hembra los creo".*

La creación de la humanidad fue en Luz, es decir que la vida y luz emergió de Dios nuevamente para formar al hombre y a la mujer. Ambos con la misma capacidad de gobierno, pero al mismo tiempo con la necesidad de caminar en comunidad. En *ehad.*

Desde que la humanidad fue formada en Vida y Luz en el día sexto, Dios utiliza esa misma palabra para cada nacimiento. Diciendo a la mujer *"darás a luz los hijos"* (Génesis 3:16). Dando a entender que cada nacimiento de un hijo es la manifestación de la Luz que fue primero formada en Dios, desde antes de la fundación del mundo.

Esto es tan cierto, que incluso ocurre en lo físico. Un destello físico se produce cuando un óvulo es fecundado por un espermatozoide. Literalmente emana un flash de luz.

Los investigadores han descubierto que se produce por una emanación de zinc, un mineral importante en el desarrollo de un embrión sano. Y que mientras más fuerte es el flash de luz, mayor es el zinc liberado y mayor es la posibilidad de un buen desarrollo del embrión.

Sin duda esto es un paralelo claro de aquello que el Padre declaró a la mujer en los inicios. Pero también nos habla de la Luz espiritual que se desprende cuando alguien es concebido.

Por ejemplo, cuando Job, deprimido y cansado de su condición dolorosa, comenzó a

maldecir el espacio/tiempo y el día de su
nacimiento, lo hizo llamando a la oscuridad.

Si revisamos sus palabras encontraremos
algunos detalles que nos muestran cómo el
cielo ve lo que es un nacimiento. Cómo es la
irrupción de la Luz que Dios puso en la
humanidad en el espacio/tiempo.

*Job 3:3 **Perezca el día** en que yo nací, Y la
noche en que se dijo: Varón es concebido.*

Aquí Job se está refiriendo al momento, al
espacio/tiempo de su nacimiento, sin
importar si fue una noche o un día físico. Pero
al decir *perezca,* está pidiendo que la muerte
llegue a ese momento y su luz espiritual se
apague.

Cuando leo esto no puedo dejar de pensar en
lo horrible que fue ese estado de depresión
que este hombre justo vivió, y cómo esto
puede significar una completa oscuridad.

Luego continúa, y nos entrega más detalles
de la batalla entre luz y oscuridad que ocurre
en un nacimiento.

*Job 3:4 Sea aquel **día (momento)
sombrío, Y no cuide de él Dios desde
arriba**, **Ni claridad sobre él resplandezca.**
3:5 Aféenlo **tinieblas** y **sombra** de
muerte; Repose **sobre él nublado**. Que lo
haga horrible como día caliginoso.
 3:6 **Ocupe aquella noche la oscuridad**; No
sea contada entre los días del año, Ni venga
en el número de los meses.*

Aquí nuevamente, Job nos deja ver algo que él entendía, y es que Dios mismo cuida el momento en que una vida debe resplandecer. Es decir, el momento de concepción y nacimiento de un hijo es supervisado por Dios mismo.

Y al decir *ocupe aquella noche la oscuridad*, no se está refiriendo a una oscuridad física, ya que es obvio que la noche implica falta de luz. Mas bien, se refiere a la falta de la Luz de la vida, la que posee cada espíritu humano al vivir.

Al final, Job pide que ese momento hermoso de su nacimiento desaparezca, que *no sea contado* en el espacio/tiempo. Como si la muerte u aborto de un niño significara un tiempo que falte en la historia.

Esto nos da otra idea de lo perverso que hay detrás de las clínicas de abortos, y cómo estas producen un enorme dolor a la humanidad y al corazón de Dios.

Literalmente, muchos días dejarán de ser contados en el cielo, y las tinieblas se van expandiendo por causa de la obra perversa de estas industrias. Que el Señor las reprenda y juzgue.

Pero también debemos considerar que aquellos que nacen requerirán volver a su estado original en Luz. El que tenían antes de ser concebidos.

Sobre esto, más adelante Job expresa otro misterio acerca de aquel momento del nacimiento.

*Job 3:9 **Oscurézcanse las estrellas de su alba;** Espere la luz, y no venga, Ni vea **los párpados de la mañana;***
*3:10 **Por cuanto no cerró** las puertas del vientre donde yo estaba, **Ni escondió de mis ojos** la miseria.*

Al decir *oscurézcanse las estrellas de su alba* está, sin duda, dándonos a entender que, al momento de nacer, una estrella del amanecer (que pertenece a Cristo) comienza a brillar, Job en su depresión desea que esa estrella no brille.

Esta estrella era el mismo Job, pero en su diseño celestial de Luz. Ese diseño celestial, la estrella, vería la mirada de Dios que Job llama *"los parpados de la mañana"*.

Según la versión de la biblia textual, el profeta y rey David diría también: *"tus ojos veían mi embrión"* (Salmos 139:16 BTX).

Y aunque la mayoría de nosotros conocemos ese versículo de forma distinta en la versión Reina Valera 1960 al decir *"Mi embrión vieron tus ojos"*. La versión textual del escrito implica una acción vigilante de Dios con aquellos que están por nacer.

Esta acción vigilante no descarta el encuentro con la mirada de Dios, como una experiencia única y profunda antes de nacer.

Para Job esto tiene que ver con nuestro ser y cuerpo celestial, que es la forma que tenemos antes de la fundación mundo, y es la forma que poseemos en resurrección.

Es además, la imagen resplandeciente de Cristo para la que fuimos predestinados desde lo eterno (Romanos 8:29). Un cuerpo que es sustancia y forma de Luz. Una estrella.

Es el diseño del que Pablo habla (1Corintios 15:40-48) al explicar que, a causa de la resurrección, tenemos un cuerpo celestial que está sentado juntamente con Cristo en lugares celestiales ahora mismo. Un cuerpo en resurrección, del que aspiramos ser revestidos.

Este sería nuestro cuerpo de Luz y Vida, que brilla como estrella, y que emergió de Dios antes de que el mundo fuera creado.

Algo que está completamente explicado en el libro *"Como Estrellas a Perpetuidad"*. En específico en el capítulo seis y siete de ese hermoso estudio.

Pero me llama la atención que Job le adjudica a nuestro ser celestial en Cristo (la estrella), la responsabilidad de abrir o cerrar las puertas del vientre al nacer, y de poner delante de Job lo primero que el vería en este mundo.

Si comprendemos que esa estrella es nuestro cuerpo celestial, entonces el diseño que poseemos antes de la fundación del mundo, es el que está buscando influirnos desde el día en que nacemos. Primero para empujar nuestro nacimiento, y luego para alimentar nuestra niñez con luz y vida.

Aquí Job culpa a su estrella (su diseño celestial), de impulsar su nacimiento, y de no evitar que su alma (sus ojos) vieran miseria.

Todo esto me parece de una gran importancia, porque el sexto día es el momento en que ese ser celestial luminoso (que es como estrella) es formado, tanto varón como mujer.

A mi parecer, una de las causas de no poder ejecutar el mandato de gobierno de Dios de la manera pura en que el Padre lo concedió, es que recién estamos entrando en un verdadero entendimiento de nuestro origen en Él.

Recién estamos planteándonos en serio, que fuimos diseñados para ser Luz, no solo poseer luz o manifestarla. Sino que tanto en forma como sustancia, fuimos creados de Vida/Luz desde antes de la fundación del mundo.

Y que este es nuestro origen y realidad primera. Es en esta condición, en un estado de forma y sustancia de luz, que fuimos llamados a señorear la dimensión de la Tierra.

Por eso decía al inicio de este libro, que el gobierno de la Tierra no tiene nada que ver con una corriente ecológica, animalista, anti capitalista o de otro tipo de ideologías.

Es, simplemente, el resultado de una condición espiritual, y de un origen en Dios. Un origen en Luz.

Fue en la pureza de la Vida/Luz de Dios, sin imágenes preconcebidas, ni ideas de este mundo, que el Padre nos envió para fructificar y multiplicarnos.

Y esto significa que es esa Vida/Luz, es la que debía fructificar, ser multiplicada, y dominar sobre toda la creación.

El profeta David, siendo rey, en sus últimos días pudo ver esta realidad. Vio como el verdadero gobierno no proviene de una idea política, diplomática o de cualquier sistema de este mundo. El gobierno verdadero se expande y establece con Luz.

2Samuel 23:2 El Espíritu de Jehová ha hablado por mí, Y su palabra ha estado en mi lengua.
*23:3 El Dios de Israel ha dicho, Me habló la Roca de Israel: Habrá un justo **que gobierne** entre los hombres, **Que gobierne** en el temor de Dios.*
*23:4 Será como **la luz de la mañana**, Como **el resplandor** del sol en una mañana sin nubes, Como la lluvia **que hace brotar la hierba de la tierra.***

Aquí el profeta y rey David, luego de ser visitado por Dios y escuchar sus palabras, está contando cómo el gobierno es semejante a la Luz en su esplendor (luz y resplandor de la mañana), y a la Vida que produce el brote de la Tierra.

Y así como Job, incluso en toda su amargura, sabía que su ser celestial de Luz, su diseño primero y de origen, era el que podía abrir las puertas del vientre.

Así mismo debemos entender, pero ahora en la esperanza de la resurrección, que nuestro ser celestial de Luz, **puede abrir las puertas de la dimensión de la Tierra**.

Oro que esto sea una verdad que cale profundamente en tu espíritu, que sientas el deseo de la creación que gime por verdaderos hijos. Esos que brillan y abren las puertas de la vida.

Las formas de la Luz:
Esto me hace recordar una visión que tuvimos con la hermandad hace algunos años. En esta visión el Señor nos llevó a un enorme lugar con los *"árboles de las naciones"*.

No sabría cómo explicar esto de mejor manera, el hecho es que cada uno de estos hermosos árboles representaba diferentes etnias. Había cientos de estos árboles, todos distintos unos de otros y perfectos en apariencia.

Algunos incluso eran etnias que habían sido casi extintas, pero que delante de Dios aún existían y tenían un diseño representado en un árbol en este bosque. En medio de este hermoso lugar estaba el resplandeciente Árbol de la Vida (que es Cristo).

Este Árbol resplandecía en luz, y en él no había sombras ni indicios de algún contraste de oscuridad.

Hasta ese punto, el Señor nos pedía que dejáramos de ver a las naciones como estados políticos o como banderas históricas, ya que Él las había creado como familias y pueblos, y no como estructuras políticas de dominio.

Estábamos en esto cuando en medio de este bosque, comenzaron a aparecer personas cuya sustancia y forma era solo Luz. Estos santos caminaban hasta el árbol de la vida, se inclinaban ante él y prestaban juramento en su presencia. Entraban en pacto con Dios de una forma muy profunda.

A pesar de la enorme luz que emanaban, aun así, se podía distinguir en ellos cierta apariencia de guerreros. De hecho, recuerdo haber escuchado como de ellos se oía un sonido como de muchas corrientes de aguas, sonidos de rayos y truenos contenidos en su interior.

El primero que avanzó hasta el árbol de la Vida y juró servir, fue llamado por Dios *el tejedor de la Luz*, y este podía formar mantos y crear cosas con el movimiento de sus manos y con la luz que salía de él.

Estos *tejidos* se asemejaban más a la relación que hacen en la biología al hablar de los *tejidos físicos* que componen nuestros órganos del cuerpo.

Cada uno de los que iban pasando tenían nombres distintos y todos se inclinaban ante el Árbol de la Vida para recibir el juramento.

La atmósfera se llenó de una solemnidad enorme, tanto así que casi no podíamos pronunciar palabras. En un inicio pensé que aquellas personas que veíamos eran ángeles, pensé también que aquellos podían ser mártires o algunos de nuestros santos ancestros de fe.

Pero ahora comprendo, que en parte eran santos, pero no en su condición de cuerpo terrenal, sino en el diseño de cuerpo celestial. Su diseño de origen.

El Espíritu también nos explicó que estábamos viendo diseños y formas de la Luz. Cada una de estas formas también representaba un diseño o una virtud que residía en Cristo.

Luego de esto, todos fuimos llevados delante del Árbol de la Vida. Y declaramos nuestra lealtad y fidelidad en respuesta al juramento que el Señor nos ofrecía.

Ese día pude ver mi ser celestial (la estrella), y creo que algunos de los que estuvieron presente también lo hicieron esa tarde o en los días siguientes.

Este ser (o diseño) responde a un juramento profundo con el Padre, un vínculo, y sin ese pacto le es imposible manifestarse.

Esto ha implicado que en el tiempo debamos escoger en qué creeremos con respecto a nuestro origen. Si en el ser que creamos en nuestra alma caída y que nos gobernó antes de que Cristo se nos revelara, o en el ser cuya sustancia y forma es Luz, cuyo origen es en Cristo, antes de la fundación del mundo.

Debemos decidir en qué origen y en qué Génesis nos pararemos.

Y aquí es donde volvemos a ver la similitud con el profeta Abraham, porque en su trayecto por el espacio/tiempo y en su camino por profundizar en el juramento, el patriarca tuvo que escoger entre el origen de dos naturalezas. Entre el hijo de la esclava o el de la libre.

El Hijo Libre:
Se presentó en la vida de Abraham el verdadero hijo, Isaac, el hijo de la libre. Pero la presencia del hijo del Día atrajo la reacción de envidia y el desprecio del hijo de la Noche.

*Génesis 21:5 Y era Abraham **de cien años cuando nació Isaac su hijo.***
21:6 Entonces dijo Sara: Dios me ha hecho reír, y cualquiera que lo oyere, se reirá conmigo.
21:7 Y añadió: ¿Quién dijera a Abraham que Sara habría de dar de mamar a hijos? Pues le he dado un hijo en su vejez.

21:8 Y creció el niño, y fue destetado; e hizo Abraham gran banquete el día que fue destetado Isaac.
21:9 Y vio Sara que el hijo de Agar la egipcia, el cual ésta le había dado a luz a Abraham, ***se burlaba de su hijo Isaac.***

Como habíamos visto antes, Ismael era figura de la naturaleza de la carne, y del señorío de la noche. Para nuestro objetivo, aquí Ismael es esa naturaleza vieja en nuestro interior, el hombre carnal que nuestra alma formó durante todo el tiempo que estuvimos ciegos a la Luz y éramos de la Noche.

Esa naturaleza duda y se burla de la sola idea de que tu origen sea dentro de Cristo. Esa naturaleza falsa tiene señal de rebelión, como Ismael que fue marcado en el año trece. Esa naturaleza pertenece a la Noche.

No te dejará creer lo sobrenatural; no te dejará vivir de la Luz que mora en ti; no te dejará creer que hay cientos de promesas para ti ahora mismo, latentes, a la espera de que las creas.

Le dirá a tu mente que estás loco por esperar un milagro, que estás loco por confiar tu vida, tu salud y tu casa en las manos de Dios. Pero el Isaac que llevas dentro y que fue profetizado desde la Luz del primer día, te dirá que asumas tu locura y que sueltes todas tus cargas al Padre que te amó antes de la fundación del mundo.

El Isaac que llevas dentro es el que se ríe en medio de la aflicción, es el que sonríe cuando todos están asustados por las malas noticias. Ese Isaac que llevas dentro es el único que puede abrir el vientre cerrado y estéril de la Tierra, esa es tu naturaleza celestial.

Debemos decidir cuál es nuestra naturaleza de origen. Por eso Pablo dice de forma tajante:

Gálatas 4:30 Mas ¿qué dice la Escritura? ***Echa fuera a la esclava y a su hijo, porque no heredará el hijo de la esclava*** *con el hijo de la libre.*

Y como lo fue con Abraham, la única manera de heredar la dimensión de la Tierra eterna es que decidamos y escojamos la naturaleza de arriba, la de la libre.

Hacer esto es recuperar la imagen de Dios en nosotros, la imagen que es sustancia y forma de Luz. Y al hacerlo, el mandato de señorear y sojuzgar la tierra será una experiencia que se viva de forma espontánea. Una herencia.

Esto no es una decisión sencilla. Puede parecerlo, pero, así como fue complejo para Abraham tomar esa decisión, también lo será para nosotros.

Negar la naturaleza de este mundo implica que neguemos gran parte de esa identidad que hemos buscado proteger por tantos años. Pero si lo hacemos, si escogemos al Hijo de Luz que somos, la libertad del diseño original se manifestará para nuestra bendición y para la bendición de la Tierra. Esa naturaleza romperá lo estéril.

Este diseño de Luz en nosotros es con el que fuimos enviados a fructificar y multiplicar, y con el cual debíamos dominar la Tierra y todos sus seres vivientes.

El dominio de la Luz es una bendición, toda la creación conoce y sirve a la Luz cuando esta se presenta, y sabe del amor que emana de ella. Es más, cada amanecer, la creación despierta en un hermoso canto ante la expansión de la luz natural sobre la tierra.

El problema es que después de la caída, los hombres solo han multiplicado la imagen del Adán caído. El Adán sujeto a sombras y vanidades.

Equivocadamente, muchas iglesias han presionado a sus feligreses a tener todos los hijos posibles, con el fin de cumplir el mandato de *multiplicarse*. Y esta práctica incluso buscan replicarla en gente que no conoce al Señor.

Lo que ellos olvidan al hacer esta afirmación, es que la humanidad (sin importar su religión) no posee la imagen de Dios, sino solo la imagen del Adán caído.

La humanidad sin Cristo es un Ismael. A menos que, genuinamente vengan al Padre por medio de Cristo, y recuperen su imagen primera.

Una humanidad en sombras de muerte solo ha multiplicado esas sombras y por lo mismo su forma de gobernar es desde esa misma oscuridad. ¿Cuál ha sido el resultado de esto?

Una naturaleza quebrada, desorientada y sujeta a vanidades.

Las bestias y aves batallan por los recursos, porque el temor a la muerte, el temor a la escasez, los espinos y cardos con los cuales se coronó la humanidad, también los ha esclavizado a ellos. Ningún ecologista bien intencionado puede revertir esto, ni puede romper con la esterilidad de los bosques o con la sequedad de los ríos.

Ismael no rompió la esterilidad, solo fue una respuesta ficticia y carnal según los patrones del mundo de su tiempo. Además, Ismael no estaba contado como hijo de Abraham para un propósito eterno.

Hasta que aceptemos la obra completa de Cristo, quien llevó nuestros cardos y espinos, quien venció el temor a la muerte en su resurrección. Hasta que, por medio de Jesucristo, recuperemos nuestra naturaleza que nace de la libre, y que proviene de la Vida/Luz. Hasta que lo anterior no ocurra, no podremos gobernar la Tierra nueva según el mandato original.

El tener decenas de hijos naturales no será una forma de cumplir este mandato del día sexto. A menos que, esos hijos se encuentren con la Luz verdadera de su origen en Cristo.

Un Hijo de Dios que adopta un niño huérfano, que le transmite su fe y le enseña a conocer a Cristo y al Padre, está multiplicando y sojuzgando en la Tierra más que aquel que después de tener diez hijos naturales, ninguno de ellos sabe cómo acceder a Cristo.

Con esto presente, creo que el sexto día y su mandato original de gobierno, es un asunto de multiplicar Luz, multiplicar libertad, multiplicar el gozo, y que la Tierra pueda reír juntamente con Sara (la iglesia). Ya que ella dijo profetizando *"Dios me ha hecho reír, y cualquiera que lo oyere, se reirá conmigo"*.

De esto se trata el dominio que la humanidad debía ejercer. El primer Adán no logró hacerlo, pero el postrer Adán (Cristo), ya nos dio la puerta de acceso para unir este espacio/tiempo con lo Eterno.

15. Día Séptimo: Que irrumpa lo Eterno

*Génesis 2:1 Fueron, pues, acabados los cielos y la tierra, y todo el ejército de ellos.
2:2 **Y acabó Dios en el día séptimo la obra que hizo**; y **reposó el día séptimo** de toda la obra que hizo.
2:3 Y bendijo Dios al día séptimo, **y lo santificó, porque en él reposó de toda la obra que había hecho en la creación**.*

Hasta aquí, hemos avanzado por el recorrido de la creación y de la vida de Abraham como hombre de fe. Vimos como el Padre tomó de su esencia en cada día y dejó ese poder como magnitudes que podemos experimentar y encarnar. Todas estas magnitudes fueron vivificadas en Cristo, en su Luz, en sus aguas, en su simiente, en su estrella, en sus señales y en su naturaleza.

Pero una vez que la verdadera naturaleza de Luz se manifiesta, lo que sigue es sellar el pacto de forma trascendénte y perpetua.

Juramento, Reposo (eternidad) y Santidad:

En el sexto día, cuando toda la creación ha sido terminada y ha llegado a su fin, incluyendo la creación del diseño de la humanidad, Dios avanza más allá del final y del término del espacio/tiempo que ha sido declarado por Dios como *bueno*.

Mas allá del día sexto, el vínculo se profundiza para penetrar lo eterno y lo trascendente de Dios. En esta eternidad, las acciones de Dios ya no desatan explosiones de poder. No es necesario, porque todo ya está completo.

El vínculo ya no depende de qué hace o deja de hacer Dios, solo se requiere creer que todo está hecho. Dios establece el día séptimo, el *sheva*, que es el día del sello del juramento y del pacto.

Los Hijos de Dios deben volver a este séptimo día. Cristo es la puerta de este regreso, tanto para la humanidad como para la creación completa. Cuando la creación vuelve al séptimo día, se produce la Tierra nueva, la Tierra Eterna.

Es aquí, en el séptimo día, donde la creación se convierte en parte tangible del pacto. Cuando el Padre decidió santificar el día séptimo hizo de la Tierra un juramento.

En cada ser viviente, en cada hierba del campo, en cada ser que se mueve en las aguas y en los cielos, quedará más tarde la huella del pacto. Incluso, después de la caída y la inundación en tiempos de Noah.

Toda la creación fue hablada por Dios y escrita con elementos y magnitudes naturales. La tinta y el papel de este pacto fueron los átomos y moléculas que danzaron a cada orden de Dios, para hacer emerger las rocas, las mareas, los vientos y todo ser viviente.

En lo profundo, en lo cercano y en las estrellas del cielo; el Padre, el Hijo y el Espíritu han proclamado su juramento de Luz y Vida con todas sus criaturas. Esas criaturas son parte de ese juramento.

El pacto eterno de Cristo implica volver a este juramento, al del séptimo día de la creación, donde Dios reposó de toda su obra.

Este reposo es la manifestación de lo eterno, donde no hay acciones que añadir, y donde el *ser* es más importante que el *hacer*.

Necesitamos comprender que, el reposo del séptimo día no es un espacio de descanso por el agotamiento para luego seguir actuando. Como hoy en día se entiende el reposo.
El séptimo día no son las vacaciones de un trabajo.

La dinámica del Mundo caído nos lleva a descansar con miras en volver a trabajar. Así, el reposo es solo la toma de fuerzas perdidas, para volver al trabajo y al sudor que produce espinos y cardos. La gente cesa sus labores a la espera de la próxima faena, donde tendrá que volver a pelear con la esterilidad.

El reposo del séptimo día, en cambio, es la manera en que lo eterno se establece en la tierra. *Ser* antes que *hacer*, para que sea ese *ser* el que produzca las obras en el espacio/tiempo. Las obras que ya están hechas en la eternidad.

Por causa de este reposo (eternidad) en el *ser*, el Padre santificó el espacio/tiempo y en él toda su creación.

Al santificar el día séptimo del juramento, esa consagración incluye el tiempo (día) y el espacio (Tierra) de ese día. Entonces, el séptimo día es un espacio/tiempo declarado sagrado. Un escenario santificado para manifestar las obras de Dios.

Cristo se manifestó para que ese día séptimo volviera a nosotros.

Es en ese momento, cuando El Padre satura de eternidad por completo la creación y la sella en su misma esencia. Allí, lo temporal pasa a ser siervo de la trascendencia. Como un sacerdote, como un mayordomo que vive enfocado en servir algo más sublime. Toda la creación se vuelve el escenario y los actores del relato sagrado.

Es importante recalcar que esta consagración que el Padre hizo, vino como consecuencia de haber establecido a la creación en SU reposo. Es decir, en la Eternidad. Como bien dice el relato.

*"Y lo santificó, porque **en él reposó** de toda la obra que había hecho en la creación"* *Génesis 2:3.*

Los días anteriores de la creación, Dios terminaba su obra y lo declaraba un día *bueno*. Pero aquí establece la creación como *santa*.

Lo bueno es bendito, pero lo santo es algo consagrado para una función exclusiva. Ser bendito de Dios es muy favorable, pero ser consagrado para él es algo sublime e íntimo.

Tiene que ver con *conocer* a Dios en el sentido bíblico, es decir que, por causa del vínculo del pacto la creación fue inmersa en lo divino. Aquí la creación ascendió a un estado atemporal que produjo que el séptimo día tuviese la capacidad de durar eternamente, si es que la humanidad lo hubiese sostenido.

Por esto, hoy en día la iglesia, como cuerpo de Cristo, fue llamada a santificar nuevamente toda la creación, y devolverla al séptimo día del reposo. La iglesia posee el pacto y el reposo que Cristo le otorgó como su cuerpo.

Esto nos trae a memoria que Cristo mismo, el Santo de los santos, dijo ser *"el señor del día de reposo (Lucas 6:5).*

Y esta declaración no apuntaba a gobernar el ritual judío que obligaba a dejar las faenas en el shabat. Sino más bien, Cristo se declaraba a sí mismo como el espacio/tiempo santo y envuelto por lo eterno. El primogénito de la creación, santificando en Él todo lo creado.

Jesucristo se reconocía a sí mismo como el Hijo del Hombre que portaba el juramento antiguo, que tenía la eternidad, y que había sido consagrado para gobernar cada átomo de la realidad.

Muchos profetas habían sido siervos bendecidos de Dios, cuyas obras fueron buenas. Pero Cristo era el Hijo consagrado en la eternidad y el que consagra lo tangible, el único escogido para esa función. El autor y heredero de la Tierra Eterna.

Cuando pensamos en el séptimo día de la creación, normalmente, la gente imagina unas buenas vacaciones. Piensa en el reposo como el fin de las labores y un momento para descansar en el huerto, entre flores y brisa fresca.

Pero el séptimo día en la creación fue la consagración de la dimensión de la Tierra. La Tierra como un espacio que involucraba juramento, perpetuidad y santificación. Creada con el único fin de ser un reflejo cercano de Jesucristo, de quien emana el pacto, la eternidad y la santidad para todo el universo.

Cristo llevó su naturaleza humana a la cruz para que su naturaleza espiritual de Luz envolviera la Tierra.

En la cruz, el sexto día se cumplió en él. Ya que ahí, Jesucristo expandió y multiplicó la luz que había en su interior para alcanzar a los perdidos en todas las generaciones. Luego, al resucitar el sábado, llevó a la humanidad al espacio/tiempo, y a toda la creación en ascenso hasta el reposo de lo eterno.

Por eso no puedo dejar de recalcar la necesidad de que, como hijos de Dios, manifestemos ese séptimo día para que la Tierra deje de gemir y viva también el reposo glorioso de los hijos. Cristo ya lo hizo posible, pero **debemos apropiarnos por la fe de aquello**.

Creo firmemente que incluso el vasto universo depende de ese hecho, de que la iglesia reconozca la obra completa y poderosa de Cristo, y que lleve las buenas nuevas a todo lo tangible.

La Tierra, como planeta, es una declaración del juramento santo y del amor de Dios a todo el universo. Los planetas, estrellas y galaxias vecinas ven flotar este planeta azul en el espacio, y saben que hay un pacto escrito, que esta roca cubierta de agua está consagrada.

La Tierra, como planeta, es un altar donde el Hijo de Dios recuperó la unión con lo eterno.

Sus altas montañas son los cuernos del altar, su tierra ya fue rociada hasta lo profundo con la sangre bendita de Cristo. Dios escogió este pequeño planeta como propiciatorio para manifestar en él su misericordia con el universo.

Esta es la Tierra Eterna donde la humanidad fue llamada a dar frutos de Luz y multiplicar la grandeza que portaban dentro. Esta es la Tierra Eterna que Cristo recuperó, ya que solo el Primogénito tenía las características que el universo había perdido.

Cristo, como Señor del reposo, es también garantía y señal de la recuperación de la heredad santa de Dios, la Tierra nueva.

En tiempos de Moisés, Israel guardaba el reposo para recordar su herencia santa, recordar que habían recibido esa herencia por intervención y consagración divina. El día de reposo era una señal entre Israel y Dios de que tenían un pacto y un vínculo exclusivo.

Hoy, ese reposo está en Cristo, quien es nuestra señal exclusiva de que hemos recibido la Tierra Eterna. Una creación que puede ser fusionada a la eternidad, y en la cual el Espíritu Santo cubre el planeta con el conocimiento de la gloria de Dios, como las aguas cubren el mar.

Aunque le sorprenda, la verdad es que Dios hizo el planeta Tierra como un lugar exclusivo para mostrar en él su amor y poder a todo el infinito universo.

Todo en el Séptimo día:
Fue en este día santo y trascendente donde se reunían todas las cosas y todas las magnitudes de los días anteriores.

La Vida/Luz del primer día se unió al polvo cuando Dios formó y sopló en el cuerpo de Adán. La sangre humana tenía vida verdadera, y portaba luz.

Esa misma luz del primer día operó en Adán al definir el nombre de los diferentes animales y su diseño.

Cuando Adán miraba a los animales vivientes, la luz primera en su interior le permitía comprender el diseño. Entonces él hablaba con autoridad y les daba nombre y los definía.

Esa luz trajo también definiciones sobre los cuerpos del Varón y la Mujer con una identidad única, unida y compuesta, que Adán comprobó al decir *"esto es ahora hueso de mis huesos y carne de mi carne (Génesis 2:23)"*

En los ríos de Edén se manifestaba el agua viva y el agua de separación del día segundo.

La tierra y el huerto se regaban con estos ríos que emanaban cargados de riquezas y abundancia, y a la vez servían como fronteras y límites de territorios para Edén.

La reunión del día tercero se manifestó en el Varón como semilla y en la Mujer como vientre de aguas reunidas, que al recibir la semilla produce fruto (Deuteronomio 7:13/ Génesis 30:2).

Cuando a una mujer se le acusaba de adulterio, el sacerdote le daba de beber aguas amargas. Estas aguas producían maldición en el vientre de aquellas que habían adulterado, y a la vez, eran inofensivas para las que no (Números 5:21-27). Aun así, todo vientre espiritual de la tierra espera el agua de arriba que habría de vivificar las siguientes generaciones.

En este sentido, todos los relatos de mujeres estériles que nos muestran las escrituras se relacionan con la espera de la simiente santa y con el agua viva.

Por esto, era importante que, junto al pozo de Samaria, fuese una mujer quien dijera: *"Señor, dame esa agua, para que no tenga yo sed (Juan 4:15)"*

En cuanto al día cuarto, quinto y sexto.
En el inicio, al ser formado físicamente Adán, todo el diseño de la humanidad estaba en él. Pero este diseño luego fue separado en dos seres distintos y complementarios. En el Varón y en la Mujer.

Adán era lo seco que portaba la semilla y la Mujer era las aguas reuniéndose.
Luego que la Mujer fue formada, se volvió a unir al Varón, pero ahora con una identidad propia y bajo pacto para ser una sola carne, un *ehad*.

Así, como los días eran contados como la tarde y la mañana de un solo día, la humanidad sería contada como Hombre y Mujer de una sola especie gobernante.

Adán era la tarde (ya que fue formado primero), y ella era la mañana del día de Dios. Dos manifestaciones de la Luz primera.
Dos formas diferentes y a la vez semejantes una con otra.

Aquí se manifestó la unidad compuesta, el *ehad* del primer y quinto día, y al mismo tiempo, el poder de las luminarias del día cuarto.

Y si recordamos, cuando la luz primera emanó de Dios como tarde y mañana, aún no había sol y luna, por lo que esas formas de la luz estaban por sobre la temporalidad.

Así, el Varón y la Mujer, como seres gloriosos, estaban sobre la temporalidad, y a la vez eran parte de las luminarias que marcaban días y estaciones.

Ellos se multiplicarían en luz, trayendo nuevos días dentro del reposo de la Tierra Eterna.

Cada hijo de luz que naciera traería un tiempo de Dios dentro de él. Cada Hijo de Dios traería un resplandor en su ser, un brillo para irradiar en el firmamento de Dios sobre la creación.

Como lo expliqué el año 2019 en el libro *Batallas en el Gran Monte*. Alrededor del monte de Dios, donde Lucero intentó sentarse, brillaban como estrellas los espíritus de hombres que aún no nacían y los que permanecieron en su voluntad en la tierra (Isaías 14:13).

Estas estrellas portaban todos los planes de Dios para el porvenir en la creación, y Lucero quería llegar hasta ellos.

El Padre guardó todos sus deseos, estrategias y pensamientos dentro de sus Hijos. Ya que, no podían ser puestos en rollos o libros que los contuvieran, él los colocó dentro de miles de generaciones (Salmos 33:11).

Ese es el lugar más preciado para Él, sus Hijos poseen los rollos con estrategias de Dios dentro de sus espíritus.

De esto comienzo hablando en dicho libro, y explico como en cada ola de generaciones de Hijos de Dios en la tierra, los planes del Padre vienen con ellas.

Y es precisamente en el séptimo día, donde esto se manifiesta de forma tangible. Ya que, los Hijos manifiestan a la creación la libertad gloriosa de su *hijidad* y pueden trasladar al espacio/tiempo los tesoros que portan en el espíritu.

Este es el día al que debemos volver, donde la Tierra se hace Eterna, y la gloria del Señor se muestra en cada rincón de la creación.

Abraham y el séptimo día:
Abraham comienza su séptimo día en el pozo de Beerseba (pozo del siete/sheva o del juramento). Aquí quedó en paz con las tribus que le rodeaban y por fin disfrutó del reposo de no tener que preocuparse por posibles futuras guerras (Génesis 21:22-30).

Abraham ya no tenía que preocuparse por el *hacer*, sino solamente del *ser*. Tras el juramento, el patriarca reposó de amenazas externas.

"Por tanto se llamó aquel lugar Beer-Seba, pues ambos se juramentaron allí"
(Génesis 21:31 BTX).

Cabe destacar que, el pacto de Beerseba es un juramento de paz que debería ser cumplido en esa generación y en las próximas. Abraham entonces selló dicho pacto, ya no con Abimelc, sino con Dios. De esta manera, el pacto entraba a un estado trascendente y perpetuo.

Y como hemos visto, al juramentar Abraham plantó un árbol que vendría a ser símbolo de sus generaciones establecidas en la tierra de la promesa. Sus generaciones echarían raíces en esa tierra, y junto con eso darían fruto y nuevas semillas.

Aquí es cuando Abraham, entendiendo el significado de su trayectoria, y como había sido llevado cada vez a un vínculo más profundo con el Dios eterno, invocó a El-Olam.

"Y plantó un tamarisco en Beer-Seba, y allí invocó el nombre de Adonai El-Olam" **(Génesis 21:33 BTX)**

Como vimos anteriormente, el concepto *Olam* presenta a Elohim como alguien que está por encima del espacio/tiempo, es trascendente y no está gobernado por el reloj de la historia.

Abraham planta este árbol de manera profética, para que de alguna forma este plantío sea introducido y bendecido por el Dios trascendente. Abraham sabe que su descendencia debe entrar al reposo de Dios, debe ligar su destino a la dimensión eterna, al séptimo día que había sido perdido.

Por eso no invoca a El-Olam en cualquier sitio, lo hace por primera vez junto al árbol plantado en el lugar del juramento. Aquí, Abraham entró al séptimo día, esta es su introducción.

La historia que viene posteriormente es conocida como la gran prueba de fe de Abraham. Dios le pide que sacrifique a Isaac en un monte que estaba en Moriah.

El Sacrificio santo, eterno y trascendente:
La Tierra Eterna, herencia del Padre a sus hijos, se manifiesta por la fe. Y debemos

entender que, solo por medio de esa fe podemos acceder a esta Tierra nueva.

Debemos comprender que Abraham es llevado a depositar su plena confianza en Dios, esta vez no con el fin de que Dios le ayude en una batalla, o lo bendiga para prosperar. Ahora, la fe exige creer y obedecer un mandato totalmente radical y doloroso.

Abraham deberá morir en su corazón a sí mismo, a sus deseos, y a su hijo *"el amado a quien amas (Génesis 22:2 BTX)"* para cumplir la voluntad perfecta de Dios.

Aquí está siendo probada la fe de Abraham, pero también el vínculo de confianza que este tenía con Dios, y su conocimiento de Él a lo largo de años de caminar junto al Padre.

Abraham sabe en su interior que Dios le había prometido en Isaac, y no en otro hijo, una enorme descendencia. Por esta razón,

Abraham había alejado a Ismael. No existía un *Plan B* al que se pudiera recurrir.

Isaac era el hijo del milagro, quien nació por voluntad de Dios, y no por voluntad de carne. En este sentido, Isaac representa el *ser* antes que el *hacer*. Isaac era quien nació en gozo, y que rompió la maldición de *los hijos con dolor*.

También, el patriarca había visto el futuro de sus generaciones, la opresión, y cómo serían liberados. Abraham había estado en la misma eternidad viendo como Dios ve, y sin duda vio a Isaac, Jacob y las doce tribus. Pero ahora, Dios le pedía sacrificar al primer eslabón de esa cadena.

Pero, además, había sido parte del *ehad* de Dios, del presbiterio junto con los ángeles, y había compartido el corazón intercesor de Dios. Aquello lo había preparado para este momento, para poder representar al Padre que debe poner a su hijo, *"el amado a quien ama"* como sacrificio santo.

Si continuamos este paralelo, en que Abraham es figura del Padre e Isaac es figura de Cristo, el hijo de la promesa, la simiente santa y el hijo de la libre. Entonces, se hace claro que Isaac representa el momento en que el séptimo día se establece, Isaac se está volviendo la personificación de ese séptimo día. Isaac es el árbol que está frente a Adonai El-Olam

Isaac era el primogénito, y en este sentido, como el séptimo día, era consagrado de forma exclusiva; como alguien santo por derecho de nacimiento.

*Lucas 2:23 (como está escrito en la ley del Señor: Todo varón que abriere la matriz será llamado **santo al Señor**),*

Pero aquí ocurrirá otra santificación, aún más profunda que la que deriva del orden de nacimiento. La santidad que proviene del ascenso de lo temporal a lo eterno, como lo fue el séptimo día.

Abraham e Isaac deben subir a un monte en Moriah, y durante ese ascenso Abraham declara su fe en Dios; atrayendo con esta declaración el plan perfecto y milagroso del Padre sobre la tierra.

Sus palabras de fe serían la llave que atrajo lo eterno y las promesas divinas a ese momento del espacio/tiempo.

*Génesis 22:5 Entonces dijo Abraham a sus siervos: Esperad aquí con el asno, **y yo y el muchacho iremos hasta allí y adoraremos, y volveremos a vosotros**.*
*22:6 Y tomó Abraham la leña del holocausto, y la puso sobre Isaac su hijo, y él tomó en su mano el fuego y el cuchillo; y fueron **ambos juntos**.*

Abraham, como figura del Padre, declara estas palabras en medio de la tierra de la promesa. Tanto el Padre como el Hijo irán hasta el lugar del holocausto, y volverán juntos.

El relato del sacrificio para ellos, y luego para Dios Padre e Hijo, es un destino que se vive en comunidad. No en solitario.

Esta declaración revela que Abraham estaba confiado en que Dios, en su fidelidad, resucitaría a Isaac, y se lo devolvería de en medio de las cenizas del altar para cumplir cada promesa hecha en los años pasados.

Abraham había ascendido en fe, y como una tierra nueva, estaba dejando atrás la visión limitada de lo temporal.

Pero también revela que Abraham estaba viéndose a sí mismo en conjunto con Isaac, como un *ehad*. Un presbiterio, un destino indivisible. Por eso el relato enfatiza cuando Abraham dice: *"iremos", "adoraremos" y "volveremos".*

Esto se refuerza con la conversación de Isaac con su padre mientras ascienden. Y esto es importante, porque nos demuestra que el ascenso de lo temporal a la trascendencia es un asunto de comunidad.

Génesis 22:7 Entonces habló Isaac a Abraham su padre, y dijo: Padre mío. Y él respondió: Heme aquí, mi hijo. Y él dijo: He aquí el fuego y la leña; mas ¿dónde está el cordero para el holocausto?
*22:8 Y respondió Abraham: **Dios se proveerá de cordero para el holocausto, hijo mío. E iban juntos.***

Sabemos que en esta respuesta del patriarca se revela el plan de Dios para toda la tierra. Aquí cada palabra tiene un peso eterno. El Padre se proveería de un cordero, quien sería su propio Hijo amado.

Además, se enfatiza al final del versículo una frase que parece pasar desapercibida. Dice que ellos *"iban juntos"*.

Esto debería ser obvio para el escritor de la historia, ¿por qué tendrían que estar Isaac y Abraham por caminos separados? Pero su énfasis es a causa de la unidad compuesta que Abraham e Isaac habían logrado en ese ascenso.

Ellos iban juntos en el sentido literal y espiritual de la unidad compuesta. Padre e Hijo conformaban un presbiterio que se disponía para adorar.

Isaac, en esta ascensión hacia el plan eterno, es puesto como ofrenda en el altar de Moriah; y como el séptimo día, es santificado por el altar para que en él se cumpla todo el propósito divino.

El lugar es importante, porque tal como dijo Jesús, es el altar el que santifica la ofrenda (Mateo 23:19).

Dios envía a Abraham e Isaac a Moriah, cuyo nombre *Moriyah* significa *"lugar visto, considerado u ordenado del Señor"*

Moriah es el altar ordenado por Dios, al igual que ocurrió con el séptimo día. Dios decidió santificarlo, hacerlo exclusivo y trascendente.

Isaac es santificado por el altar ordenado por Dios, esta vez de manera trascendente y en resurrección.

Abraham e Isaac, al subir, se fueron desligando de lo temporal. Cuando llegó el momento del sacrificio, Abraham estaba convencido de que presenciaría la resurrección de su hijo, e Isaac estaba convencido de que volvería a la vida.

De otra manera, no se podría comprender cómo es que Isaac se entrega al sacrificio sin poner resistencia, sin llanto y sin amargura. Y cómo es que el patriarca procede a atar a su hijo sin ningún tipo de reclamo previo delante de Dios.

*Génesis 22:9 Y cuando llegaron al lugar que Dios le había dicho, edificó allí Abraham un altar, y compuso la leña, **y ató a Isaac su hijo, y lo puso en el altar** sobre la leña.*
22:10 Y extendió Abraham su mano y tomó el cuchillo para degollar a su hijo.

Las escrituras nos dicen que, antes de ser detenido por el ángel, Abraham por la fe creyó en la resurrección, incluso cuando esta no existía en la teología judaica.

Hebreos 11:17 Por la fe Abraham, cuando fue probado, ofreció a Isaac; y el que había recibido las promesas ofrecía su unigénito,
11:18 habiéndosele dicho: En Isaac te será llamada descendencia;
11:19 pensando que Dios es poderoso para

levantar aun de entre los muertos, de donde, en sentido figurado, también le volvió a recibir.

Podemos además comprender con esto, que tanto Abraham como Isaac volvieron de Moriah en el poder de la resurrección. Que es, finalmente, la atmósfera del séptimo día.

Ahora por fin Isaac es el verdadero árbol que está frente a Adonai El-Olam, ya que participó del sacrificio y de la resurrección del séptimo día.

En ese séptimo día, el trabajo no produce espinos y cardos, el espíritu gobierna lo físico y el *hacer* es la manifestación del *ser*.

En el séptimo día no hay una batalla por los recursos, ni temor a la muerte. Dios es el que provee de forma sobrenatural todas las cosas.

*Génesis 22:14 Y llamó Abraham el nombre de aquel lugar, **Jehová proveerá**. Por tanto, se dice hoy: En el monte de Jehová **será provisto**.*

Y en estos días en que las noticias solo hablan de pandemia, de crisis y escasez de todo tipo, necesitamos aprender a caminar en el séptimo día que Cristo ganó para nosotros. En ese lugar habrá provisión de todo tipo para los hijos de Dios.

En el séptimo día, en el estado de resurrección y reposo, el juramento resuena para muchas generaciones. Por eso el ángel habló a Abraham y le confirmó con juramento.

Génesis 22:15 Y llamó el ángel de Jehová a Abraham por segunda vez desde el cielo,
*22:16 y dijo: **Por mí mismo he jurado, dice Jehová,** que por cuanto has hecho esto, y no me has rehusado tu hijo, tu único hijo;*
*22:17 de cierto **te bendeciré, y multiplicaré tu descendencia** como las estrellas del cielo y como la arena que está a la orilla del mar; y tu descendencia poseerá las puertas de sus enemigos.*
*22:18 **En tu simiente serán benditas todas las naciones de la tierra**, por cuanto obedeciste a mi voz.*

Esto me hace recordar la pregunta de un hermano acerca de la Tierra nueva. Con toda honestidad el hermano preguntó: *"¿Qué crees hermano Simón que nos falta para manifestar esa Tierra Nueva?"*

Y el Espíritu Santo me recordó este momento de Abraham e Isaac. Así que respondí: *"pienso que nos falta creer por completo las promesas de Dios, a tal punto que estemos dispuestos a no rehusarle nada, ni siquiera aquello que más amamos"*

Si algo deberíamos aprender de Abraham, y luego de Isaac. Es que ambos mostraron confianza plena en las palabras de Dios.

Pero no se confunda, esta no es una fe mental, teológica o basada en algún tipo de desarrollo formativo. Esta fe que muestran los patriarcas es sencilla y a la vez consistente.

Es la fe de un niño que camina en una lógica distinta, una lógica de fe, donde cero más cero puede ser uno. Donde un anciano y su esposa estéril pueden dar a luz, pueden derrotar reyes, vencer equivocaciones y conflictos familiares, pueden juzgar y a la vez interceder por ciudades.

Esta es una fe sin tanto preámbulo, sin mayor preparación que la reacción innata de alguien que confía en Dios de todo su corazón.

En esa fe descendieron Abraham e Isaac, y al bajar y vivir en Beerseba (el lugar del juramento), llegó a ellos una noticia inesperada. Una noticia que era señal de que la promesa de multiplicación de la simiente ya estaba en proceso.

*Génesis 22:19 Y volvió Abraham a sus siervos, y se levantaron y se fueron juntos a Beerseba**; y habitó Abraham en Beerseba.** *22:20 Aconteció después de estas cosas, que fue dada noticia a Abraham, diciendo: He aquí que también Milca ha dado a luz hijos a Nacor tu hermano:* *22:21 Uz su primogénito, Buz su hermano, Kemuel padre de Aram,* *22:22 Quesed, Hazo, Pildas, Jidlaf y Betuel.* *22:23 **Y Betuel fue el padre de Rebeca.** *Estos son los ocho hijos que dio a luz Milca, de Nacor hermano de Abraham.*

Tal como podemos leerlo aquí, fue después de haber sido puesto en el altar que Isaac, sin saberlo de antemano, impulsó el nacimiento de quien sería su esposa y la madre del siguiente patriarca.

Al final, ni Abraham ni Isaac tuvieron que hacer grandes esfuerzos para que las promesas de Dios se cumplieran, solo tuvieron que creer y habitar en el reposo que te otorga el juramento.

16. El Ejército de la Tierra Nueva

He caminado en diferentes lugares de la tierra, y en distintos ecosistemas. He podido pisar las arenas del desierto y poner mis pies en la nieve eterna del confín del mundo. He podido subir lugares tan altos que ni el oxígeno llega hasta ellos, como también descender bajo el mar y admirar su profundidad.

Aún hay lugares que escapan de mi memoria, tantos detalles de aromas y colores diferentes, tonos de verdes distintos en los árboles y bosques, como también las marcas del ayer en los estratos de los montes. Todo es tan maravilloso y sublime.

Después de oír distintos cantos de aves, y presenciar asombrado el cariño y humildad de algunos animales. No puedo sino reconocer, que en todo esto está la sabiduría y la bondad de Dios.

Y que no importa cuántos pactos ancestrales se hayan hecho en estos lugares, ninguno es más poderoso que la sangre vertida en la cruz, ni existe nombre o invocación de chamanes que brille más que el poderoso nombre de Cristo.

Lo he comprobado, el séptimo día está en Cristo, y la Tierra es Eterna cuando dejamos que toda su gloria se manifieste juntamente con la iglesia.

Una iglesia que deja de perseguir los lugares de poder de este Mundo caído, y se concentra en gobernar el verdadero espacio de su dominio. La Tierra Eterna.

Pero, ¿seremos capaces de amar esta Tierra y este altar?, ¿podremos valorar este huerto, el propiciatorio donde Cristo sudó su sangre? Creo con firmeza en mi espíritu que, si no ha de ser en esta generación, sin duda lo veremos en la siguiente.

Luz permanente para iluminar a todas las criaturas y predicarles el glorioso evangelio de Jesucristo, quien fue levantado para atraer cada átomo de la realidad y ponerlo bajo sus pies. Luz para sacar a la creación de la esclavitud del Egipto moderno.

Creo que esa generación ya está entre nosotros, separando lo precioso de lo vil, e introduciendo lo temporal a la eternidad.

Reuniéndose como una unidad compuesta, formando un *ehad* sin nombres ni letreros, como semillas en el granero verdadero, lejos de los templos hechos por manos de hombres.

Constriñendo maldiciones, y brillando en la *Raqia* verdadera. Siendo señal para las aves del campo y de la ciudad, marcando los tiempos para las bestias que claman la libertad gloriosa de los hijos.

El Ejército de la Tierra.
Hace ya varios años atrás, estábamos en una convocatoria de aquellas donde pasábamos horas en adoración. La reunión se llamaba "Armas de la Reforma".

En un momento glorioso de este tiempo, vi en visión un ejército como ningún otro, no era de ángeles ni seres celestiales. En dicho ejército había animales, insectos, bestias de todo tipo; también, había montañas, torrentes de ríos, granizos y vientos.

Este ejército deseaba pelear las batallas de Dios, su sonido era de mucho estruendo cuando gritaban, como los golpes de un tambor sonando a la espera de recibir la orden de actuar.

En el fervor del momento escuché una voz que preguntaba:

¡¿Quién tomará la espada que Enoc le entregó a Noah, y que Noah entregó a Abraham?!

Incline mi cabeza en señal de rendición, a la espera de que el Señor encontrara a alguien que recibiera dicha espada, y por un momento quise pedir a este ejército de la Tierra que peleara con la iglesia. Pero entonces oí la voz del Señor decir.

No, aún no hay un pueblo.
Mi ejército de la Tierra solo puede actuar cuando el pueblo consagrado lo gobierna.

Esta visión me siguió por los siguientes años, y buscando la manifestación de ese pueblo, hemos puesto en el altar de Dios todo aquello que impida que pueda emerger ese pueblo. El ejército de la Tierra es la Tierra Eterna que está alrededor del trono representada en los seres vivientes.

Ellos están listos para ejecutar los juicios de Dios. Pero esto sucederá cuando la iglesia actúe como un solo pueblo, y reconozca que la obra de Cristo ya fue completada.

Aquella espada que Enoc entregó en el espíritu a Noah, y que este delegó en Abraham, no es un arma de metal. Tanto Enoc, como Noah y Abraham conocieron la Tierra desde una perspectiva puramente espiritual.

Es una espada del Espíritu, de revelaciones que estos santos experimentaron y que he buscado resumir y entregar a la iglesia en este escrito.

La Tierra Eterna está aquí, primero dentro de ti, y luego donde tú decidas manifestarla.

www.seamosiglesia.com

SIMÓN AQUINO nació en Chile, siendo aún un adolescente se volvió un fiel seguidor de Jesucristo.

Como escritor ha plasmado estas ideas en sus libros de profunda espiritualidad, con reflexiones bíblicas y experiencias personales. Los lectores, han encontrado en estos libros valiosas respuestas para la vida espiritual y la relación con Dios.

En los últimos años comenzó toda una aventura como escritor de ficción con la serie "Crónicas de Noah" y luego con el libro "Girasol, un bosque, un mapa y un canto".

Ha viajado por diferentes naciones y continentes como conferencista, compartiendo con las personas sus experiencias y reflexiones sobre ser un seguidor de Jesús.

Todos sus libros puede encontrarlos en la página. www.seamosiglesia.com

simon_aquino_

Simon Aquino (página)

www.ingramcontent.com/pod-product-compliance
Lightning Source LLC
Chambersburg PA
CBHW071401150726
48000CB00001B/116